U0112436

独钓寒江雪

尚永亮
讲柳宗元

尚永亮——著

丛书主编——董伯韬

CTS 湖南文艺出版社
PUBLISHING & MEDIA　HUNAN LITERATURE AND ART PUBLISHING HOUSE

图书在版编目（CIP）数据

独钓寒江雪：尚永亮讲柳宗元 / 尚永亮著. — 长沙：湖南文艺出版社，2023.8
（大家讲人文）
ISBN 978-7-5726-0728-8

Ⅰ. ①独… Ⅱ. ①尚… Ⅲ. ①柳宗元（773-819）—人物研究②柳宗元（773-819）—文学研究 Ⅳ.①K825.6②I206.42

中国版本图书馆CIP数据核字(2022)第142026号

独钓寒江雪：尚永亮讲柳宗元

DU DIAO HANJIANGXUE：SHANG YONGLIANG JIANG LIU ZONGYUAN

著　　者：尚永亮
出 版 人：陈新文
责任编辑：耿会芬
封面设计：Mitaliaume
内文排版：钟灿霞

出版发行：湖南文艺出版社
（长沙市雨花区东二环一段508号 邮编：410014）
网　　址：http://www.hnwy.net
印　　刷：长沙新湘诚印刷有限公司
经　　销：新华书店
开　　本：880mm×1230mm 1/32
印　　张：8.75
字　　数：143千字
版　　次：2023年8月第1版
印　　次：2023年8月第1次印刷
书　　号：ISBN 978-7-5726-0728-8
定　　价：59.80元

（若有质量问题，请直接与本社出版科联系调换）

主编弁语

"往古之时，丛木曰林。"
在一本文集的小引中，海德格尔这样起笔。

他说："林中有路，每入人迹罕至处，是为林中路。"

他叮嘱人们，那些路看似相类实则迥异，只有守林人认得。

由此亦可想见，
认识些诚实的守林人有多幸运。

而幸运自该分享。
于是有了这部丛书。

这是守林人绘就的地图。

带着它们，当可认识林，认识既显且隐的林中路。

董伯韬
二〇二三癸卯芒种将至在上海

从"风波一跌逝万里"说开去（代前言）

尚永亮

> 少时陈力希公侯，许国不复为身谋。风波一跌逝万里，壮心瓦解空缧囚。
>
> ——柳宗元《冉溪》[1]

每读这四句诗，都会产生一种悲壮亦复悲凉的感受。少壮之时理想高远，豪气干云，以为青紫可拾，功业易就，于是将身许国，全力以赴，杜绝了一切犹豫彷徨、畏缩怯懦，也不再考虑后路，准备为唐王朝的中兴轰轰烈烈地干上一番事业；然而，突如其来的一场极其严酷的政治打击，顷刻间便粉碎了他

---

[1] 尹占华、韩文奇校注：《柳宗元集校注》卷四十三，中华书局2013年版，第2997页。按：本书所引柳诗文多出自此书，为省篇幅，此后非必要者，皆于正文括注篇名，不再出注。

人生的所有希望，一身去国，万死投荒，从此便开始了他那如同被抛弃、被拘囚般的贬谪命运，开始了他在遥远空间和漫长时间双重折磨下的无尽等待和煎熬。这是柳宗元的主要行迹，这四句诗也就成了他一生思想、心态乃至生存状态的典型写照。因而，解读柳宗元，不能不首先解读他的人生悲剧，不能不首先解读他的悲剧性的心路历程。

从永贞元年（805）到元和十四年（819），从三十三岁到四十七岁，柳宗元在荒远僻陋的永州和柳州整整待了十四年时间，直至葬身于柳州。在这十四年时间中，都发生了些什么呢？

从国家的政治局势看，那位曾经对柳宗元等革新派成员严酷打击、痛下杀手的唐宪宗李纯，继位伊始，即将主要精力用于强化中央皇权，以武力扫平藩镇。先是在元和初年相继平定了西川刘辟以及夏绥杨惠琳、浙西李锜的数次叛乱，嗣后又于元和十二年冬一举扫平了为患甚剧的淮西叛镇，使得其他藩镇"降者相继"[1]，"当此之时，唐之威令，几于复振"[2]。

从文坛的形势看，柳宗元的友人韩愈先后在长安和洛阳聚

---

[1]　《资治通鉴》卷二百四十宪宗元和十三年条，中华书局1956年版，第7756页。
[2]　《新唐书》卷七《宪宗》，中华书局1975年版，第219页。

集了一批志同道合的文人，大张旗鼓地从事古文创作和诗歌创新，使得古文所占领地日渐扩大，诗歌也怪奇生新、戛戛独造，"三十余年，声名塞天"①。而白居易、元稹等人则从杜甫开创的写实一路入手，以平易通俗的笔法，创作了大量针砭时弊的讽喻诗和抒发感怀、张扬风情的感伤诗、艳体诗，以致"二十年间，禁省、观寺、邮堠、墙壁之上无不书，王公、妾妇、牛童、马走之口无不道，至于缮写模勒，衒卖于市井，或持之以交酒茗者，处处皆是"②。

　　然而，面对如此波澜壮阔、如火如荼的政治、文化场景，柳宗元与同时被贬的刘禹锡等人却只能置身遥远的贬所望洋兴叹。作为被整个社会群体和所属文化圈子抛弃了的一批"罪人"，他们在远离社会文化中心的一个偏僻角落，饱尝忧患的磨难，很少有人记得起他们。他们对社会来说，似乎已失去了用处；社会对他们来说，则犹如一个逐渐陌生了的世界。当此之际，他们怎能不深深体验到那被抛弃后的无限痛苦呢？

　　除此之外，柳宗元等人受到的另一重精神折磨，便是来自

---

① 刘禹锡《祭韩吏部文》，瞿蜕园《刘禹锡集笺证》卷十，上海古籍出版社1989年版，第1537页。
② 元稹《白氏长庆集序》，冀勤点校：《元稹集》卷五一，中华书局2010年版，第642页。

社会舆论的强大压力。由于柳、刘二人的主要参政实践是永贞元年进行的革新活动，而要革弊图新，势必会触动不少人的既得利益，并因不能满足一些人的不合理请求而得罪他们，所以在柳、刘被贬之后，墙倒众人推，各种流言、诽谤纷纷而起，大有"世人皆欲杀"之势。柳宗元在《答问》中借问者之口描述自己被贬后的情状说："独被罪辜，废斥伏匿。交游解散，羞与为戚；生平向慕，毁书灭迹。他人有恶，指诱增益；身居下流，为谤薮泽。"在《寄许京兆孟容书》中，他进一步说道："伏念得罪来五年，未尝有故旧大臣肯以书见及者。何则？罪谤交积，群疑当道，诚可怪而畏也。"这些叙说，清晰地反映了柳宗元被贬后为人诽谤、攻击乃至冷落、歧视的情形。

这是一种凝聚着孤独、屈辱、悲伤和近乎绝望的苦闷。如果说，恶劣的自然环境曾给他的躯体以直接侵袭，落后的文化环境曾给他的生活带来了严重的困难，尽管如此，还有治愈的希望和习惯的可能，那么，来自社会的歧视和舆论的压力便给其精神带来了更为惨重的打击，并在其心灵烙下了永难磨灭的印痕。如果说，在此惨重打击下，柳宗元所受到的人格凌辱还只是表层现象，那么，在此人格凌辱的背后，则分明呈现出他对混浊人世无比愤恨而欲尽早摆脱生活之累的绝望之感来。

"恬死百忧尽，苟生万虑滋"（《哭连州凌员外司马》），"鸣玉机全息，怀沙事不忘！"（《弘农公以硕德伟材屈于谗枉左官三岁复为大僚》）。假如内心苦闷没有到达极点，性格坚强的柳宗元绝难产生一死的念头；尽管他最终还是活了下来，在浮谤如川的舆论压力下，在艰难百端的谪居环境中，顽强地活了下来，但经受着日益沉沦的生命磨难，这种活不是愈发加剧了他的苦闷程度么？怀着这种苦闷，柳宗元愤怒地发问："吾缧囚也，逃山林入江海无路，其何以容吾躯乎？"（《答问》）

当然，在长达十余年的废弃生涯中，柳宗元也感受过乐趣，展示出一些希望归田终老的欲念和借佛理、山水以排遣苦闷的倾向。但问题的关键是，柳宗元本质上是一个执着型的士人，他性格中刚直峻切、固执信念的成分过重，因而即使想超然也难以超然得成。以其出游山水为例，即可看到，他往往是"暂得一笑，已复不乐"（《与李翰林建书》），在"步登最高寺，萧散任疏顽"之后，接踵而来的便是那"赏心难久留，离念来相关"（《构法华寺西亭》）；刚刚领略到了一点"始至若有得，稍深遂忘疲"的乐趣，马上又被牵拽到了"去国魂已游，怀人泪空垂"（《南涧中题》）那永久的现实悲患之中。苏轼认为柳诗"忧中有乐，乐中有忧"，事实上，在柳宗元那里，乐只是暂时的，忧却是永恒的，在他身上似乎总有一种无形而巨大的牵拽力量，时时刻刻在发挥作用，将他拖向苦闷的深渊。大凡他独游山水的时候，便是他最孤独的时候；他宣称人生无谓的时候，便是他被弃感、被拘囚感和生命荒废感最沉重的时候，而他寄身佛理、盼望归田的时候，则是他心灰意冷最感绝望的时候。正由于柳宗元从根本上做不到超然解脱，所以他才在遥遥无期的谪居生涯中，经受了比一般人剧烈得多的精神折磨，并由此一步步导致了他的性格变异。心理学告诉我们，刺激是随着时间的延长而递减的，也就是说，当刺激已达到其阈限的时候，此后的刺激便难以产生初次刺激那样明显的心理反应；但从另一面看，这种递减只是对刺激强度之反应的递减，而并非受刺激者对刺激之感知深度的递减。事实上，由于刺激的反复作用，由于时间的沉潜力量，被刺激者极易形成一种固定化了的、潜意识的心态以及与之相应的性格特征。柳宗元的情况便是如此。一方面，接连不断的政治打击使他对自己被抛弃、被拘囚和生命荒废的感受特别敏锐、特别深刻；另一方面，长期谪居所经历的各种忧患磨难又使他对外界刺激产生了一种适应性，在感受上相对迟钝和冷漠。一方面，他确实想摆脱樊笼的拘囚，并为此做过多种努力；另一方面，他也因希望渺茫而不得不将巨大悲苦沉潜于心底，以沉默寡言、反视内省的态度来应付并漠视外界的事变。在《与萧翰林俛书》中，他这样说道："自料居此，尚复几何？岂可更不知止，言说长短，重为一世非笑哉？读《周易·困卦》至'有言不信，尚口乃穷'也，往复益喜，曰：'嗟乎！余虽家置一喙以自称道，诟益甚耳。'用是更乐暗默，思与木石为徒，不复致意。"很明显，柳宗元这种自甘暗默、思与木石为徒的态度，既可以谓之为一种心理防卫的方式，也可以说是由时间推移和刺激重复所造成的性格变异。在诗中他曾一再申言"远弃甘幽独"（《酬娄秀才将之淮南见赠之什》）、"寂寞固所欲"（《夏初雨后寻愚溪》）、"岁月杀忧栗，慵疏寡将迎"（《游石角过小岭至长乌村》），这些诗句，无不展示出诗人性格向忧郁、冷漠变化的轨迹。长期处于被抛弃、被拘囚般的环境，处于忧郁苦闷、不与世接的冷漠状态，因而不能不使他一变昔日外向型的激切心性为内向型的自甘暗默，而且也不能不使他因旷日持久的外在压抑和自我压抑遭受到严重的"时间的损伤"。从实质上看，这种损伤与对象的缺乏亦即人与外在世界的强迫性疏远紧相关联；而作为其结果，则表现为一种集苦闷、悲伤、忧愤于一体而又难以言状的精神空落感，用他在《对贺者》中的话说就是："嘻笑之怒，甚乎裂眦，长歌之哀，过乎恸哭。庸讵知吾之浩浩非戚戚之尤者乎？"

柳宗元这样一种苦闷、悲凉的心态和日趋忧郁、冷漠的性格，直接影响到了他的诗文创作，使其文学作品总体上呈现一种哀怨、沉重、冷峭的格调。与韩愈、白居易等人多将关注视线投向社会政治有所不同，柳宗元更多地将关注视线投射到自我身上。前者是外扩的，后者是内敛的；前者注重的是所作诗文的政治针对性和社会影响力，后者注重的则是文学作品抒悲泄怨、自我慰藉的功能；前者的取法对象主要是盛唐大诗人李白和杜甫，后者的取法对象则主要是六朝的陶渊明、谢灵运，尤其是上古的屈原；正如《旧唐书·柳宗元传》所指出："宗元少聪警绝众，尤精西汉诗骚。下笔构思，与古为侔，精裁密致，璨若珠贝，当时流辈咸推之。……既罹窜逐，涉履蛮瘴，崎岖堙厄，蕴骚人之郁悼，写情叙事，动必以文，为骚文十数篇，览之者为之凄恻。"① 可以说，解读柳宗元诗文最应注意的，当是其"投迹山水地，放情咏《离骚》"（《游南亭夜还叙志七十韵》）所内含的强烈的骚怨精神和悲凉气韵。

不过，柳诗与柳文的特色又是颇有不同的，即使同为诗歌，

① 《旧唐书》卷一六〇，中华书局 1975 年版，第 4214 页。

其风格也有幽怨峭厉和淡泊古雅之别。这种情况的形成大致有两方面的原因，一方面，柳宗元无罪被贬，强烈的悲愤哀怨使他不能不借助最易表达情感的诗歌来抒发，并为其作品染上同样的感情基调。周昂《读柳诗》云："功名翕忽负初心，行和骚人泽畔吟。开卷未终还复掩，世间无此最悲音。"[①] 便是他读柳诗的最深感受。另一方面，柳宗元面对自身所难以克服的忧患，只好借游山水、读佛书来排遣，尽力淡化自己早先过于激切外露的心性，并在艺术创造中有意追求一种萧散简远的意趣，于是，他的不少诗作，外貌便颇类六朝的陶渊明、谢灵运和前辈诗人韦应物。对此，前人曾一再评说，认为"柳子厚诗在陶渊明下，韦苏州上。……所贵乎枯澹者，谓其外枯而中膏，似澹而实美，渊明、子厚之流是也"[②]，"中唐韦苏州、柳柳州，一则雅澹幽静，一则恬适安闲。汉魏六朝诸人而后，能嗣响古诗正音者，韦、柳也"[③]。从风格的淡泊、古朴上看，部分柳诗与陶、韦诗确有近似之处，亦即都能以其接近自然、不事藻绘的风貌给人以清新闲雅之感。然而，若细加体味，他们的

①　《中州集》卷四，中华书局1959年版，第184页。

②　苏轼《评韩柳诗》，《苏轼文集》卷六七，中华书局1986年版，第2109页。

③　田雯《古欢堂集·杂著》，《柳宗元集校注》附录，中华书局2013年版，第3647页。

诗风又是颇有差异的：陶诗淡泊而近自然，最能反映心境的平和旷远；韦诗淡泊而近清丽，令人读后怡悦自得；而柳诗则于淡泊中寓忧怨，见峭厉；尽管诗人曾有意识地将此忧怨淡化，但痕迹却未能全然抹去，加上诗人在遣词造意上多有所经营，致使很多诗作仍于隐显明暗之间传达出冷峭的信息。对这一情况，前人亦曾屡加指明："柳子厚诗，雄深简淡，迥拔流俗，至味自高，直揖陶、谢；然似入武库，但觉森严"[①]；"宋人又多以韦、柳并称，余细观其诗，亦甚相悬。韦无造作之烦，柳极锻炼之力；韦真有旷达之怀，柳终带排遣之意。诗为心声，自不可强"[②]。将这里的"森严""锻炼""排遣"综合起来看，便足可看出柳与陶、韦的区别，看出柳之为柳的关键所在了。

至于柳文，传统看法多认为胜过柳诗。柳宗元名列"唐宋八大家"之列，在唐代与韩愈并称，其对古文的开拓之功和所作贡献，得到了后人的公认。如晚唐诗人杜牧即曾说道："李杜泛浩浩，韩柳摩苍苍；近者四君子，与古争强梁。"[③]宋人王

---

① 胡仔《苕溪渔隐丛话》，人民文学出版社1962年版，第257页。
② 贺裳《载酒园诗话又编》，《清诗话续编》（上），上海古籍出版社1983年版，第336页。
③ 杜牧《冬至日寄小侄阿宜诗》，吴在庆校注：《杜牧集系年校注》，中华书局2008年版，第81页。

禹偁也说："谁怜所好还同我，韩柳文章李杜诗。"① 均将柳、韩之文放到与李、杜之诗并驾齐驱的高度。然而，从风格上看，柳文与韩文却还是很有些差异的。韩文情感充沛，以气领文，表达方式往往直白无隐，一泻无余，滔滔汩汩，莫之能御，具有一种放浪壮美、浩乎沛然的气势；柳文的情感虽颇为愤激，但总体而言则相对内敛，深婉含蓄，或直接象征，或间接表现，使得意余言外，别有寄寓，由此形成其严谨冷隽、劲气内敛的骨力。在用字、炼意和构思上，柳文与韩文也存在明显的不同，韩文用词造句新颖奇特却平易自然，立意巧妙又壮浪恣肆；柳文则字词精审而细密峭拔，行文谨严而雄深雅健。对这种不同，前人曾有过诸多评说，或谓韩文如海，柳文如泉；或谓韩文如水，柳文如山；均见仁见智，得其一隅。钱锺书先生非常欣赏的一个比喻是："韩柳之别，则犹作室，子厚先量自家四至所到，不敢略侵他人田地；退之则惟意所指，横斜曲直，只要自家屋子饱满，初不问田地四至，或在我与别人也。"② 由此看来，就开拓的气魄和胆略而言，柳不如韩；而就布局的精深

---

① 王禹偁《赠朱严》，《小畜集》，商务印书馆 1937 年版。

② 刘埙《隐居通议》卷十七《艾轩先生跋韩柳苏黄集》，《柳宗元集校注》附录，中华书局，2013 年版，第 3619 页。

和严整言，则韩不及柳。

　　作为中唐时期的古文大家，柳、韩二人可谓各具特色，不一定非要分出一个高下来；而就思想的深度和对某些文体如寓言、山水游记的开掘来说，柳宗元无疑已达到其所处时代的最前沿，很少有人能与之比并。谪居永州期间，柳宗元"上下观古今，起伏千万途"（《读书》），对诸多历史、现实问题深入思考，这使他具有了一种高屋建瓴的哲学眼光，这种眼光也时时在他的文学性散文中展示出来，从而形成一种超越凡俗的深度。他的寓言讽刺文，大都短小精悍而笔锋犀利，寄托深远，在准确抓取对象某一方面特征的基础上，赋予其深刻的象征意义和讽喻内涵，具有独特的冲击力和穿透力。至于其山水游记，更是一枝独秀，凌厉古今。他的写山水，不是纯客观地再现自然，而是于中融入自己的身世遭际和抑郁情怀，或借"弃地"表现自己虽才华卓荦却不为世用、被远弃遐荒的悲剧命运，具有"借题感慨"[①]的特点；或将表现与再现两种手法结合起来，既重自然景物的真实描摹，又将主体情感不露痕迹地注入其中，令人于意会中领略作者的情感指向。他善于选取深奥幽美型的小景物，经过一丝不苟的精心刻画，展现出高于自

---

① 林云铭《古文析义》初编卷五，《柳宗元集校注》卷二十九，第 1909 页。

然原型的艺术之美。在他笔下，自然山水是那么纯净，那么奇特，那么多彩多姿，那么富于灵性，"如奇峰异嶂，层见叠出"，"其自命为'牢笼百态'，固宜"[①]。而他在山水记中使用的语言，也极为省净准确，可谓之"清莹秀澈，锵鸣金石"（《愚溪诗序》）。由此，他既上承郦道元《水经注》，使山水记在写法上得到了突破性的提高，又以孤独的精神和寂寥的心境，借对山水的传神写照表现出一种永恒的宇宙情怀，创造出专属于柳氏的如雪天琼枝般的清冷晶莹之美来。所以林纾在《韩柳文研究法》中极力称道，说柳氏"山水诸记，穷桂海之殊相，直前无古人，后无来者。昌黎偶记山水，亦不能与之追逐。古人避短推长，昌黎于此固让柳州出一头地矣"[②]。

需要特别指出的是：无论柳诗还是柳文，我们在肯定其高超的艺术表现的同时，还应关注其内涵的始终坚持自我而不肯屈服的抗争精神。悲剧美学认为：人对苦难不只是被动的承受，还在于顽强的抗争；正是在抗争中，人的生命意志和生命强力才得以勃发，人的本质力量才得以呈现，伟大的悲剧精神才得以产生。"如果苦难落在一个生性懦弱的人头上，他逆来顺受

① 刘熙载：《艺概》卷一《文概》，上海古籍出版社1978年版，第24页。

② 林纾：《韩柳文研究法》，商务印书馆1914年版。

地接受了苦难，那就不是真正的悲剧。只有当他表现出坚毅和斗争的时候，才有真正的悲剧，哪怕表现出的仅仅是片刻的活力、激情和灵感，使他能超越平时的自己。悲剧全在于对灾难的反抗。"（朱光潜《悲剧心理学》第206页引司马特语）反抗表现了人的不屈和人性的坚强，也给文学增添了水石相激的力度。一方面，是苦难毁灭了贬谪诗人的生活；另一方面，贬谪诗人不屈不挠的抗争精神，又反转过来给予他们以人生、艺术上的丰厚赐予。在那首被后人誉为五言绝句最佳者的《江雪》中，柳宗元置身严寒酷烈、"千万孤独"的环境中，以无畏的精神挥笔写道：

千山鸟飞绝，万径人踪灭。

孤舟蓑笠翁，独钓寒江雪。

苍茫的大雪，覆盖了整个宇宙，使得千山万径没了鸟的踪影，也没了人的踪迹。然而，就是在这酷寒肃杀的天地间，还有一位头戴斗笠、身披蓑衣的老翁，驾着一叶孤舟，在漫天风雪中独自垂钓！这里展现的，不仅是一幅清寒寂寥的风雪独钓图，而且内含着一种意志的顽强和品格的卓绝。诗人借助象征的手法，赋予诗作以丰厚的意义内涵，强化了诗作的冷峭格调，而从本质上说，其所展示的乃是一种对抗苦难的悲剧精神。由此联系到柳宗元被贬后放言宣称的"屯难果见凌，剥丧宜所遭。神明固浩浩，众口徒叨叨。投迹山水地，放情咏《离骚》"（《游南亭夜还叙志七十韵》），我们不难体悟出其与上古流放诗人屈原所谓"亦余心之所善兮，虽九死其犹未悔"（《离骚》）一脉相承的共同旨趣。

从"风波一跌逝万里"到"独钓寒江雪"，勾勒出柳宗元在政治斗争失败后置身苦难、品味苦难并超越苦难的心路历程，也展示出一种傲岸高洁的文化品格。就此而言，将这本重在探讨柳宗元贬后心态与创作的小书名之为"独钓寒江雪"，似乎也就有了充分的理由。

目 录 Contents

1

附录：

圆外方中：柳宗元被贬后的心性设计与主客观矛盾

——以与杨诲之"说车"诸书为中心

    青年柳宗元心性激切、峻直，一方面当与其父柳镇"号为刚直"的性格有着遗传学上的关联，另一方面恐与柳宗元本人因学殖内充而形成的自信、自尊以至自傲有关。所以韩愈在《柳子厚墓志铭》中先讲了柳父"不能媚权贵"的性格特点，而后介绍宗元道："子厚少精敏，无不通达。……其后以博学宏词授集贤殿正字。俊杰廉悍，议论证据今古，出入经史百子，踔厉风发，率常屈其座人，名声大振。"[①] 这里说的都是表扬子厚的话，但"精敏""俊杰廉悍""踔厉风发"等词语已透露出一股锐意直行、势不可当的气势，而"率常屈其座人"，更隐

---

① 马其昶校注：《韩昌黎文集校注》，上海古籍出版社 1986 年版，第 511 页。

然含有某种露才扬己、得理不让人的自傲的成分。

这是一种内外皆方、棱角分明、见事风生、敢作敢为的性格，也是一种剑走偏锋、不能摧折、极易得罪人而疏于自我保护的性格。

如果柳宗元只是一位学人或诗人，那么，其性格刚直激切些并无大碍，有时可能还会赢得朴拙古直的美名；但柳宗元却并不安于做学人或诗人，他要以这样的性格去从政，而且从的是一般老辣政治家都望而生畏的革弊图新之政，这就不能不出问题了。从另一方面看，年仅三十出头，即受到不次提拔，得以在权力中心运筹帷幄，发号施令，这不能不使其原已激切的性格越发激切，并极易由此滑向简单、轻率一途。革新失败后，柳宗元是清楚意识到这一点了的，他多次这样说道："仆少尝学问，不根师说，心信古书，以为凡事皆易，不折之以当世急务，徒知开口而言，闭目而息，挺而行，踬而伏，不穷喜怒，不究曲直，冲罗陷阱，不知颠踬"（《答问》），"年少气锐，不识几微，不知当否，但欲一心直遂，果陷刑法"（《寄许京兆孟容书》），"性又倨野，不能摧折，以故名益恶，势益险"（《与裴埙书》）。这里所说，虽不乏因有求于人而多谈自己错误的套话的成分，但万事瓦裂，痛定思痛，其中何尝没有深入骨髓的人生体验？何尝没有对自我性格缺失的反视内省？只有深刻领悟了政治斗争的险恶、政治关系的复杂，才会真正意识到自己在此复杂关系和险恶斗争中的简单、幼稚。换言之，性格过于锐利，便易流于浮躁、轻率、鲁莽；斗争经验不足，常将事情简单化，便自然疏于周防，被政敌钻了空子。一面是自己的简单轻率，一面是对手的阴险狡诈，两种因素合在一起，其"名益恶，势益险"就势所必然了。

与贬谪之前刚直激烈、无所避忌而又显得严谨不足、孟浪有余的性格相比，柳宗元被贬之后，性格明显发生了内向化的转变。这种转变是从他对革新运动失败的沉重反思和教训总结中，意识到这种性格不适宜在严酷复杂的政治斗争中立足，从而自觉地抑志敛性开始的。其《佩韦赋》《解祟赋》《送从弟谋归江陵序》《答问》等作品，都表现出了这一倾向。在《佩韦赋》中，柳宗元以柔软的韦（皮绳）作为约束自己刚烈心性的标志，声言："恒惧过而失中庸之义，慕西门氏佩韦以戒"，去其"纯刚纯强"，以求"刚以柔通"。在《解祟赋》中，他更借卜筮之言告诫自己"去尔中躁与外挠，姑务清为室而静为家"，表示要"铺冲虚以为席，驾恬泊以为车"。这是久经生命沉沦之后柳宗元对人生的全部解悟，也是残酷现实给予他的带着嘲弄的赐予。在一而再，再而三的政治打击下，柳宗元不能不在主观上慎重考虑自我性格与社会现实的适应问题。

一、《说车》主旨及其被误解

细读柳集，可以发现，柳宗元被贬之后对自我性格的发展趋向是有一套较完整设计的，这种设计，集中表现在他写给杨诲之的几封信中。

杨诲之，杨凭之子，柳宗元的妻弟。元和四年，杨凭自京兆尹贬临贺尉，诲之随行，道经永州与宗元相见。次年，柳宗元作《说车赠杨诲之》，以"材良而器攻，圆其外而方其中"、故能"任重而行于世"的车为喻，谆谆劝勉诲之应像车厢那样有恢弘气量，像车轮那样周而通达，像车轴那样"守大中以动乎外而不变乎内"，达到"险而安，易而利，动而法"的境地。文章最后指出："凡人之质不良，莫能方且恒。质良矣，用不周，莫能以圆遂。""诲之，吾戚也，长而益良，方其中矣。吾固欲其任重而行于世，惧圆其外者未至，故说车以赠。"与此同时，柳宗元又作《与杨诲之书》，重申方中圆外之旨。

然而，杨诲之对柳宗元的意见却大不以为然，将其"方中圆外"之旨视为"柔外刚中"，声言："我不能为车之说，但当则法圣道而内无愧，乃可长久。""我不能翦翦拘拘，以同世取荣。"并表示要任心而行，肆志而言，以甘罗、终军为榜样，欲为阮咸、嵇康之所为。要言之，诲之既将宗元"圆其外而方其中"的主张视为混世和俗，又认为这一主张有违圣教。于是，柳宗元与他这位年轻的妻弟间的矛盾便凸显出来。

　　柳宗元在此面对的是一个他事先未曾料到的已明显超出家庭范围的复杂问题。从他写《说车赠杨诲之》的初衷看，不过是以一个经受过重大变故、有着颇多教训的过来人的身份，对自己这位年轻有才但不免性格偏强与世立异的内弟说几句家庭内部的劝勉话、贴己话，希望他能够既方其中亦圆其外，以避免自己当年的失误。对这种劝勉，杨诲之可听可不听，柳宗元亦未必强人所难。但年未二十的杨诲之却偏偏较起真来，写信加以反驳，并给柳宗元安上了一个教人学佞、有违圣教的罪名。杨诲之之所以有这样一个反应，主要原因恐在于：因年龄、阅历所限而缺乏对世事艰难的理解，自我性格的激切导致他对一切易于流向圆滑世故的言行均采取不加思考的排斥态度，甚至以逆反的心理有意采取偏执的做法——用杨诲之的话说，就是要与甘罗、终军、阮咸、嵇康为伍，任心而行，肆志而言；用柳宗元对其行为的解释来说，就是"恶佞之尤，而不悦于恭耳"。进一步看，柳宗元与杨诲之的对话本不在一个平台上进行，二人在年龄、身份、地位及对问题的理解方式上均存在明显差异。约而言之，其一，今日的柳宗元，固然早已超越了昔日的自我，但今日的杨诲之，在性格上却酷类昔日的柳宗元，其激切程度似还过之，欲使二者跨越时间、阅历的鸿沟而进行相互理解的交流，是困难的。其二，杨诲之的心性与多数唐人以进取为主的心态是相通的。且不说盛唐诗人的高视阔步，即使中唐文人，面临中兴时局，也多为大呼猛进型，而绝少"翦翦拘拘"者。柳宗元则不同，从"少时陈力希公侯，许国不复为身谋"，到"风波一跌逝万里，壮心瓦解空缧囚"（《冉溪》），其间经历了何等大的落差！这种落差，不能不导致其心性上迥异于一般唐人的巨大变化——自觉压抑性格中的刚、方因子而向柔、圆一面过渡。所以，在这点上杨诲之不易与柳宗元沟通。其三，柳宗元时为"负罪"被贬之人，受到朝廷"纵逢恩赦，不在量移之限"[1]的严厉责罚，朝野上下同情者乏人。以如此一种身份，而欲对年少气盛的杨诲之进行人生处

---

[1] 《旧唐书》卷一四《宪宗纪》上，中华书局 1975 年版，第 418 页。

世上的说教，这在更相信成功者的社会习俗中，其说服力不大，诲之亦不愿信从可以想知。其四，柳宗元以"说车"喻为人处世，用心可谓良苦。但若仅就"圆其外"之外在形态论，又确易与世俗之圆滑处世、和光同尘相混淆。何者为方中圆外，何者为混世和俗，其间并无森然之界限。《柳宗元集》卷十六《说车赠杨诲之》文后黄注谓："使其自得也未至，而更以圆教之，则不同乎流俗者几希。"即持此种看法。从这点来说，杨诲之误解柳宗元也是事出有因。

对于杨诲之的误解和发难，柳宗元给予了非常高的重视，因为他知道：这场争论，已超出了家族亲属的范围，而带有了道德人格之辩的意味。就自己的原意而言，是为了劝勉诲之"恭宽退让"，现在却被误解为"为佞且伪"，甚至连自己早年的言行，似乎也被当成了"与世同波""翦翦拘拘"。如果不予认真回答，不仅会贻误杨诲之，而且会导致结果与初衷的背离，使自己陷入一种极为尴尬的境地。而要将问题说得清楚到位，既要以说车为基础，又不能将之局限于说车的范围之内；既需有历史文化上的引申，又需与亲属关系相吻合。对柳宗元来说，这确是需要思考和准备一番的。

二、方圆之一体两面及"圆"的内涵

细考《说车》，柳宗元之所以提出"圆外方中"的观点，乃在于社会混浊，人生多艰，"中不方则不能以载，外不圆则窒拒而滞"。而且在以车形象地比喻了人之心性后，柳宗元特别强调了"守大中以动乎外而不变乎内若轴"一点，也就是说，心性的外在表现形式是可以根据情况来变化的，但心性的内在实质、对理想信念的持守却是不能改变的。这一点乃是柳宗元《说车》的核心，所以，在《与杨诲之第二书》中，柳宗元反复强调说：

> 夫刚柔无恒位，皆宜存乎中。有召焉者在外，则出应之；应之咸宜，谓之时中，然后得名为君子。
>
> 吾以为刚柔同体，应变若化，然后能志乎道也。
>
> 内可以守，外可以行其道，吾以为至矣！

不是将刚柔、方圆分割开来，固定于内、外之分，而是视之为一体之两面，既存乎内而可守，又应之于外而咸宜。至于应于外者，当方则方，当圆则圆，并无一定不变之规。在柳宗元看来，所谓"圣道"，即存在于这种"刚柔同体，应变若化"的辩证关系之中。当然，这种"圣道"与传统儒学所谓之圣道有所不同，而是柳宗元依据其"大中"原则对圣道的新的理解，其核心即在于"应之咸宜"的"当"。在他看来，只有做到这一点，才能在此艰难时世推行自己的理想，才能辅时及物。

柳宗元主张的"圆其外"的"圆"，虽易产生歧义，但也绝非教人为佞，投机取巧。从历史上看，古代士人对"圆"有两种理解：一是与方正不阿对举的圆，指圆滑处世，苟容取合，含有贬义。如早于柳的元结即曾作《恶圆赋》一篇，借友人之口说道："吾闻古之恶圆之士歌曰：'宁方为皂，不圆为卿；宁方为污辱，不圆为显荣。'其甚者，则终身不仰视，曰：'吾恶天圆。'"① 在这篇赋里，元结正话反说，纵横辅排，将其恶圆滑而慕方正的性格特点表露无遗。然而，与次山所恶之圆截然相反，古代文化中还有另一意义的"圆"，它可以是一种辩证的哲理，可以象喻一种完美无缺的人格，也可以代表一种出神入化的人生至境。从《易·系辞上》的"蓍之德，圆而神；卦之德，方以知"② ，到《管子·君臣下》的"圆者运，运者通，通则和。

---

① 董诰等编：《全唐文》卷三八三，中华书局1983年版，第3889页。
② 《周易注疏》，上海古籍出版社1989年版，第258页。

方者执，执则固，固则信"[①]，先秦时期关于圆、方的解说甚多，"圆"几乎都被赋予了一种周流通达、循环无穷的内蕴，成为人们在言行德智各方面取法的对象。范缜《神灭论》有云："圣人圆极，理无有二"[②]；白居易《记画》亦谓："形真而圆，神和而全"[③]，这些说法，也都从不同方面表现出古代文化以圆为美的崇圆倾向。

柳宗元所取法的，显然是后一种"圆"，对前一种损方正而为佞的"圆"，他是坚决反对的。所以在《与杨诲之第二书》中他一方面严正申明："吾以内可以守，外可以行其道告子"，"吾岂教子为翦翦拘拘者哉？子何考吾车说之不详也？"另一方面则给他提倡的"圆"以明确界说：

> 吾所谓圆者，不必如世之突梯苟冒，以矜利乎己者也。固若轮焉：非特于可进也，锐而不滞；亦将于可退也，安而不挫。欲如循环之无穷，不欲如转丸之走下也。乾健而运，离丽而行，夫岂不以圆克乎？而恶之也？！

---

① 房玄龄注：《管子》，上海古籍出版社 1989 年版，第 107 页。
② 姚思廉撰：《梁书》卷四十八《儒林·范缜》，中华书局 1973 年版，第 669 页。
③ 顾学颉校点：《白居易集》卷四十三，中华书局 1979 年版，第 938 页。

显而易见，柳宗元在此标举的是一种富于辩证哲理而又界划分明的人生观、处世观——不圆滑以趋利，不苟合以取容；要勇于前进，锐而不滞；必要时也可后退，安而不挫。只要守乎内者不变，则其应于外者即可随环境之变而变，以正大刚健之特质，达循环无穷之极致。这种人生观和处世观，当源于柳宗元遭受打击、生命沉沦之后对整个人生世事的透彻解悟，其中饱含着由一己切肤之痛而萌生并日渐成熟了的生存智慧。前面说过，柳宗元性格中缺乏的不是方正之刚，而是圆和之柔，正是由于刚的一面过于突出，才导致了他人生路途的巨大坎坷。对此，柳宗元感触良深，并现身说法：

吾年十七，求进士，四年乃得举。二十四求博学宏词科，二年乃得仕。其间与常人为群辈数十百人，当时志气类足下，时遭讪骂诟辱，不为之面，则为之背。积八九年，日思摧其形，锄其气，虽甚自折挫，然已得号为狂疏人矣。及为蓝田尉，留府庭，旦暮走谒于大官堂下，与卒伍无别。居曹则俗吏满前，更说买卖，商算赢缩。又二年为此，度不能去，益学老子"和其光，同其尘"，虽自以为得，然已得号为轻薄人矣。及为御史郎官，自以登朝廷，利害益大，愈恐惧，思欲不失色于人。虽戒励加切，然卒不免为连累废逐。犹以前时遭狂疏轻薄之号，既闻于人，为恭让未洽，故罪至而无所明之。

至永州七年矣，蚤夜惶惶，追思咎过，往来甚熟，讲尧、舜、孔子之道亦熟，益知出于世者之难自任也。

这段话是回应杨海之的，其直接目的在于"不欲足下如吾更讪辱，被称号，已不信于世，而后知慕中道，费力而多害"；但它同时也是柳宗元发自内心的检讨和反省，是一位政治家、诗人至为真切的人生感受：在现实社会中，传统和习俗的力量大得惊人，任何稍有异于常人的言行作为都会招来非议，任何一位志士要想追求理想，达到目标，都必须先自我摧抑，和光同尘，否则，不仅难以达到目的，还会在重重阻力和压抑下，将自己的一生葬送掉。因而，为了保存自己，也为了更好地接近理想之地，只有在一定程度上抑制性格的刚性和强度，增加性格的柔性和张力，达到外圆内方、绵里裹铁的境界，才能"险而安，易而利，动而法"。柳宗元的《佩韦赋》，便是根据这一人生体验写成的代表作品，其中所谓"纯柔纯弱兮，必削必薄；纯刚纯强兮，必丧必亡。韬义于中，服和于躬；和以义宣，刚以柔通。守而不迁兮，变而无穷；交得其宜兮，乃获其终"，似可看作他"方中圆外"论的最好注脚。

三、自我心性设计及其主客观矛盾

从元和五年《说车赠杨诲之》始，至六年《与杨诲之第二书》终，柳宗元与杨诲之围绕士人心性品格等问题反复辩论，历时二年，大致画了一个句号。柳宗元最后是否说服了诲之，诲之最后是否满意其解释，在这里都已变得无足轻重，我们关心的是：柳宗元在这场争论中提出的"方中圆外"主张具有怎样的个体意义和文化意义？它对柳宗元的心理性格在多大程度上产生了影响？

我们认为：通过这场争论，柳宗元最大的收益便是深化了对士人文化人格内涵的整体认识，并从理论层面间接完成了以"方中圆外"为标准的对自我心性的主观设计。他的读佛书、游山水，力除刚燥之气，乃至在部分诗歌创作上效法陶渊明风格，追求"句雅淡而味深长"（《诚斋诗话》）的境界，都说明他在有意识地使自己接近这一标准。这样一种设计和变化，一方面固然说明在人的自我防御机能导引下，柳宗元越来越学会了保存自己的生存技巧，由当年的血气之勇走向了智慧成熟，走向了恭宽谦退；但从另一方面看，伴随智慧成熟、恭宽谦退而来的，也不无一份敢怒敢骂、自由洒脱之真性情的失落，不无一种对生活之不合理做出的认肯和退让。透过这一层看，在此种设计和变化的背后，似还深隐着连柳宗元本人都未必明确察知的自我压抑的痛苦，凝聚着因专制政治和混浊世风无情摧残而导致的心理萎缩和性格变异。在《两汉思想史·西汉知识分子对专制政治的压力感》中，徐复观先生颇为深刻地指出："各种不合理的东西，随时间之经过，因人性中对外来压力所生的自我保存与适应的作用，及生活中因惯性而对现实任何存在，容易与以惰性承认的情形，也渐渐忘记那些事物是不合理的。""大一统的一人专制政治的自身，也正是如此。这便可使由此种政治而来的压力感，渐归于麻痹，而其他的压力感居于主导地位。这是了解我国知识分子性格随历史演变而演变的大关键。"①在一定程度上，这段论述似也适合柳宗元被贬后的主观设计和心性变化。

然而，在更多的情况下，柳宗元的心理性格却表现为一种主客观的矛盾形态：在主观上，虽然意识到了性格过刚过强的弊端，希望能去其棱角，转向圆融，但在客观上，由于其刚健

---

① 李维武编：《徐复观文集》第五卷，湖北人民出版社2002年版，第125页。

心性的根深蒂固，而很难根据其主观愿望扭转过来。这只要看看他在谪居期间诸多杂文的正话反说、嬉笑怒骂，看看他大量作品在不经意间所流露出的怨悱情怀、冷峭风格，便可明其大概了。这里有两个问题需要注意：其一，由于人的心理性格多具先天性、积淀性、不易改变性等特点，因而，当人们欲对已经定型了的秉性重新进行思考、设计时，便极易出现意识与行动的背离，出现不以人的主观意志为转移亦即把握不住自己的矛盾情景。这种情景，即使对经历过人生巨大变故而欲痛改"积习"如柳宗元者而言，也在所难免。其二，在中国古代社会，士大夫盖分为两类，一类为文人士大夫，一类为官僚士大夫，二者既相互联系又有所区别。文人士大夫大都心地纯净、性格刚直，为人处世颇具血气之勇，对人生、事业抱有极真诚的态度，而官僚士大夫则多有城府，或内方外圆，或内外皆圆，熟谙世故，明哲保身，对人生、事业的真诚之心日趋淡薄。这是专制政治对人性压抑、扭曲的结果，也是个体自我保存本能及其适应性的合乎逻辑的发展。一般来说，前者为后者的必经阶段，后者则为前者的总的归趋，换言之，在经过专制政治的严酷打击或艰难世事的长久磨难之后，文人士大夫多向官僚士大夫转化，但也有始终保持文人士大夫之心性难以转化或不愿转化者，柳宗元大抵属于此等样人。固然，对圆外方中性格的推崇在一定程度上说明了他具有转化的意向，但无罪遭贬的政治悲剧、长久被弃郁积的个体忧怨和源于反抗、复仇心理的执着意识，却决定了他既缺少转化的机遇，也不具备转化的必要机制。"知不可而愈进兮，誓不偷以自好。陈诚以定命兮，侔贞臣与为友！"（《吊苌弘文》）支撑他的，原本是一颗充满真诚自信万劫不悔的灵魂。正是这样一颗灵魂，使得柳宗元虽置身逆境，虽已清楚意识到刚烈心性将会惹祸损身，虽曾对此心性予以自觉抑制，但一遇事端，还是要顽强地表现出来，并写出大量揭露现实、抨击政敌的诗文。就此而论，柳宗元实在还是保持了文人士大夫那种看似愚拙实则可贵的品质，而距其圆外方中的理想性格设计始终一间有隔。

柳宗元的生命悲感与性格变异

突如其来的政治打击，顷刻间改变了柳宗元的命运：被贬出京，万死投荒，椎心泣血之痛，长歌当哭之哀，使他在经受肉体磨难的同时，也深深体验到了专制主义的全部残酷，感受到了自我生命价值无可挽回的跌落。随着谪居时间的延长，一种生命的被抛弃感、被拘囚感乃至荒废感沉沉地积压心头，从而形成其无所不在的生命悲感和远超常人的性格变异。

一、被抛弃的苦闷心理

首先是日益浓郁化解不开的被弃感。贬谪后的柳宗元实质上已成为被整个社会群体和所属文化圈子抛弃了的"罪人"，在远离社会文化中心的一个偏僻角落，饱尝忧患和磨难。他对社会来说，似乎已失去了用处；社会对他来说，则犹如一个逐渐陌生了的世界。当此之际，贬谪诗人体验到的，必然是那被抛弃后的无限痛苦。

如果作一简略回顾，我们便会对此被抛弃之苦闷产生进一步的理解。永贞元年九月，柳宗元被贬邵州刺史，结果，"朝议谓王叔文之党或自员外郎出为刺史，贬之太轻"[①]，于是再贬为永州司马。到达贬所后，恶劣的自然环境，陌生、落后的文化氛围，家庭的重大变故以及顺宗、王叔文的相继死去，从不同方面给他带来了极大的刺激；可就在此时，朝廷又一次严厉申明：柳宗元诸人"纵逢恩赦，不在量移之限"[②]，这就不仅将他与二王一起划为永不得翻身的政治罪人，而且从根本上断绝了他回朝的希望。在这种情况下，柳宗元面临着两种选择：一是以死殉志，表示对混浊人世的抗议，解脱生的痛苦；一是在逆境中活下来，通过不断的努力和抗争，达到自我拯救的目的。关于前者，他并非没有想过，其所以未死，乃是因为他尚

---

① 《资治通鉴》卷二三六，中华书局1956年版，第7623页。
② 《旧唐书》卷一四《宪宗纪》上，中华书局1975年版，第418页。

存自信，还没有彻底绝望。柳宗元说得明白："既受禁锢而不能即死者，以为久当自明。"（《与裴埙书》）当然，"尚顾嗣续，不敢即死"（《先侍御史府君神道表》）也是他活下来的一个原因，但相比起来，坚信自己是受冤屈的、事情真相终将大白的意念无疑是其中更为重要的因素。关于后者，柳宗元也尽了最大努力。由于他确信自己是无罪的，所受待遇是极不公正的，因而必然会受到一种本能力量的驱使，诉说、发泄内心的无比忧怨，以求得公正，恢复自我的尊严。心理学认为："本能因受阻力而不能释放其全部能量，这就是'目的抑制'。遭到目的抑制的本能常常产生强烈的对象性发泄和持久的内驱力，因为紧张不能完全被解除。结果，没有解除的刺激便不断提供能量，以保持其对象性发泄作用。"[①] 柳的情况便是如此。受本能驱使的对象性发泄，一方面表现为对政敌的反击，一方面表现为向朝内亲友以及当权者的陈情、请求。诚如他所谓："仕于世，有劳而见罪，凡人处是，鲜不怨怼忿愤，列于上，诉于下，此恒状也。"（《送薛判官量移序》）细读柳宗元在贬谪后发泄忧怨、请求援引的信函，其言辞之痛切、呼救之急迫，令人为

---

① ［美］霍尔（Hall，C.S.）著，陈维正译：《弗洛伊德心理学入门》，商务印书馆 1985 年版，第 89 页。

之泪下。然而，希望是那样的渺茫，失望却接踵而来，而当其他贬官被接连起用，自己仍毫无起复的希望时，这种失望便愈加沉重。在《陪永州崔使君游宴南池序》中，柳宗元慨然长叹："席之贤者，率皆左官蒙泽，方将脱鳞介，生羽翮，夫岂趑趄湘中为憔悴客耶？余既委废于世，恒得与是山水为伍！"字里行间，透露出无可奈何的辛酸和苦涩。

好不容易等到了元和十年，柳宗元等人被朝廷召回，但接踵而来的打击顷刻间便再一次粉碎了他重新燃起的希望。史载："王叔文之党坐谪官者，凡十年不量移，执政有怜其才欲渐进者，悉召至京师；谏官争言其不可，上与武元衡亦恶之，三月乙酉，皆以为远州刺史，官虽进而地益远。"[1]官职虽有升进而守地益发偏远，说明这是一次更沉重的打击，由此导致的贬谪诗人的被弃感和生命沉沦程度亦必弥甚。是的，十年的生命沉沦已使人艰辛备尝，而甫被征还旋又遭弃的打击更使人椎心泣血！当此仅有的一点希望也已破灭之际，柳宗元怎能不怀着永被抛弃的沉重苦闷，吟出一曲曲抒怀泄怨的苍凉悲歌？

　　十年憔悴到秦京，谁料翻为岭外行！伏波故道风烟在，

---

[1] 《资治通鉴》卷第二三九，中华书局1956年版，第7709页。

翁仲遗墟草树平。直以慵疏招物议，休将文字占时名。今朝不用临河别，垂泪千行便濯缨。(《衡阳与梦得分路赠别》)

一个"憔悴"，道尽了十年间的凄风苦雨；一个"谁料"，饱含着现实的深哀巨痛；回首往昔，曾因"不识几微""一心直遂"(《寄许京兆孟容书》)而招来了积毁销骨的无穷"物议"；举目未来，等待他的将是与友人天各一方更其惨重的生命沉沦。当然，此时的柳宗元，尚未意识到此一被弃将再也难以生返故园，但作为一个既定事实，这次更为严酷的打击却已在他心灵中烙下了永被抛弃的深刻印痕，他已经很少有力量再与命运之神搏斗了。换言之，迁居柳州时的诗人已是心力交瘁，不复抱还朝之望了。宋人葛立方有言："柳子厚可谓一世穷人矣；永贞之初得一礼部郎，席不暖，即斥去为永州司马，在贬所历十一年。至宪宗元和十年，例召至京师，……乃复不得用。以柳州云，由永至京，已四千里；自京徂柳，又复六千，往返殆万里矣。故赠刘梦得诗云'十年憔悴到秦京，谁料翻为岭外行'，赠宗一诗云'一身去国六千里，万死投荒十二年'是也。呜呼！子厚之穷极矣！观赠李夷简书云：'曩者齿少心锐，径行高步，不知道之艰，以陷于大厄。穷蹙陨坠，废为孤囚，日号而望者十四年矣！'……则子厚望归之心为如何！然竟不生还，毕命于蛇虺瘴疠之区，可胜叹哉！"[1] 这段感慨无穷的话语，似可作为柳宗元被弃感的有力注脚。

二、类拘囚的生命体验

难以化解的被弃感曾使柳宗元生出浓郁的苦闷心理，而与此被弃感紧相关联的被拘囚般的生命体验，更加剧了这苦闷的程度。

贬谪诗人的被拘囚感主要是由三种因素决定的，一是自然环境的包围。由于贬官所至处所大都遥远荒恶，或山高谷深，或局促狭小，致使人的视野乃至心境受到很大的空间阻遏，故极易形成被拘一隅不见天地的感觉。二是朝廷的律令限制。如元和十二年四月的敕文即明确规定："应左降官流人不得补职及流连宴会，如擅离州县，具名闻奏。"是年十月敕文再一次申明："自今以后，流人不得因事差使离本处。"而早在元和六年，即有关于"准贞元十八年五月十九日敕，自今以后，流人

---

① 葛立方：《韵语阳秋》卷十一，《历代诗话》（下），中华书局1981年版，第567页。

左降官称遭忧奔丧者，宜令所司，先听进止"①的奏议。贬官不得擅离贬所，甚至连奔丧都被禁止，只能在一个狭小的范围内活动，这不是拘囚是什么？当然，有时也有例外，如元和十四年底，刘禹锡母卒，即被允准抚柩北上，但在多数情况下却无此特例。如元和元年，柳宗元母卒于贬所，他只能眼望"灵车远去而身独止"（《先太夫人河东县太君归祔志》）；与柳同时被贬的凌准也是"居母丧，不得归"（《故连州员外司马凌君权厝志》）。三是谪居时间的久长，这是最重要的一点。如前所述，漫长的谪居生涯曾使得贬谪诗人无不产生强烈的被弃之感，同理，在"一经贬官，便同长往；回望故里，永无还期"②的煎熬中，贬谪诗人的被拘囚感也势必与日俱增。

如果说，人类的天性便是追求自由、热爱自由，那么，上述三个因素聚合一途，恰恰构成了对自由的极大限制，对人性的无情压抑。虽然这种限制和压抑同时也激发了人对自由的更大渴望，但由于这种渴望是难以实现的，因而便自然导致了受本能驱使的欲念与受现实约束的行动、相对自由的精神与极不自由的躯体之间的冲突搏斗，并最终将重重苦闷愈发沉重地积

① 王溥撰：《唐会要》卷四一《左降官及流人》，中华书局1960年版，第736页。
② 陆贽《三奏量移官状》，《全唐文》卷四七五，中华书局1983年版，第4850页。

压在人的心头。

"春风无限潇湘意，欲采蘋花不自由。"（《酬曹侍御过象县见寄》）可以说，柳宗元的整个后半生都处在这种渴盼自由和极不自由的境遇之中。以其初贬为例，即可明了其中情形。由于永州四周多山，石多田少，虫蛇遍布，满目荒凉，这就先从外在环境方面给他造成一种压抑；而被贬后的体弱多病，数遭火恐，更使他从内心深处产生出对贬地的厌倦。虽然他也有"时到幽树好石，暂得一笑"的时候，但紧随这一笑之后而来的，却是那百忧攻心的"已复不乐"。为什么呢？诗人回答说：

> 譬如囚拘圜土，一遇和景，负墙搔摩，伸展支体，当此之时，亦以为适，然顾地窥天，不过寻丈，终不得出，岂复能久为舒畅哉？（《与李翰林建书》）

"圜土"者，狱城也。将自己比作监狱中的囚犯，而这囚犯只能在"寻丈"的空间活动，这该是何等严重的拘束和苦闷呵！在这种拘束和苦闷中，柳宗元愤怒地发问："吾缧囚也，逃山林入江海无路，其何以容吾躯乎？"这是《答问》中的话语，其中流露的，分明是贬谪诗人地老天荒无所归属的大寂寞与大悲哀。尽管在此篇篇末，诗人聊以自慰地说道："尧舜之修兮，禹益之忧兮，能者任而愚者休兮。跰跰蓬藋，乐吾囚兮。文墨之彬彬，足以申吾愁兮。已乎已乎，曷之求乎！"但这种暗含强烈不满近乎自嘲的正话反说，不是愈发展示了他"逃山林入江海无路"的苦闷心理吗？

在那篇著名的《囚山赋》中，诗人这种苦闷更是得到了淋漓尽致的表述：

> 楚越之郊环万山兮，势腾踊夫波涛；纷对回合仰伏以离迥兮，若重壖之相褒。……顾幽昧之罪加兮，虽圣犹病夫嗷嗷。匪兕吾为柙兮，匪豕吾为牢。积十年莫吾省者兮，增蔽吾以蓬蒿！圣日以理兮，贤日以进，谁使吾山之囚吾兮滔滔！

在诗人笔下，永州的山水宛如一张密不透风、令人窒息而又险怪百端的大网，在这大网的笼罩下，诗人怎能不生被拘囚之感？而他在这大网中苦熬竟达十年之久，又怎能不使这被拘囚感浓烈至极呢？所以，他既将山林比作陷阱，又将山林比作牢狱，不仅厌倦，而且几达深恶痛绝的地步。柳集《补注》引宋人晁补之的评论说："语云：'仁者乐山。'自昔达人，有以朝市为樊笼者矣，未闻以山林为樊笼者。宗元谪南海久，厌山，不可得而出；怀朝市，不可得而复；丘壑草木之可爱者，皆陷阱也，故赋《囚山》。淮南小山之辞，亦言山中不可以久留，以谓贤人远伏，非所宜尔，何至以幽独为狴牢，不可一日居哉？"① 这段话一方面正确地分析了柳宗元赋《囚山》的原因，另一方面却责备他"以幽独为狴牢"，有悖"仁者乐山"之旨。这说明晁氏并未深切体察诗人的处境和心境。事实上，在柳宗元这里展现的，乃是一种明显而强烈的矛盾心态，亦即对自然既喜爱又厌恶、对朝市既厌恶又向往的心态。一方面，从中国古代文人的处世态度看，往往是得志时以入世为主，失意时以出世为主，而他们一般是失意时居多，故而身在朝市却心慕山林，遂表现出与自然相亲和的倾向。对一般文人来说，大自然既是逃避社会的场所，又是陶冶身心、实现自由人格的地方。柳宗元作为古代文人中的一分子，当然不会例外。炎凉的世态、人间的倾轧，他是有过切身体验的，因而，他对朝市具有一种铭心刻骨的反感；而从他有名的"永州八记"来看，他对自然山水确是怀有深挚的眷恋之情的。然而，另一方面，柳宗元与一般的古代文人又有很大不同，他是作为被朝廷抛弃的

---

① 柳宗元：《柳河东全集》，中国书店 1991 年版，第 29 页。

"罪人"来到山林中的，这就首先使他失去了一般文人常有的那种对山林主动追求的心性；而他所置身之"山林"又是如此荒远、冷落、恶劣，远远缺乏令人怡情悦性的恬美色彩，这就又给了他一种客观的外在压抑；更为重要的是，尽管他厌恶朝市的混浊，但他却需要利用朝市来发挥自己的才能，实现自己利安元元的经纶壮志，以弥补其事业已达鼎盛之际而被逐出朝所造成的巨大损失，同时，亦欲借返朝来洗刷政敌强加给自己的不实罪名。基于此，他不能不向慕朝市而厌恶山林，不能不将所居之地视作樊笼，把己身视作羁囚，甚至一天也不想在此待下去。不想待下去，却非待不可；想返回朝市，却又无计可施，从而便大大加剧了他内心苦闷的程度。进一步看，他憎恶的对象表面是山林，但实质上无知觉的山林不过是他借以泄怨的一个替代物而已，不过是某种政治势力的象征而已，在它的背后，深隐着整个专制制度那凶恶残暴的巨影！"圣日以理兮，贤日以进，谁使吾山之囚吾兮滔滔？"显而易见，这句反问中充溢着诗人的无比激愤。既然圣理贤进，而柳宗元并非不肖，为什么还要被拘囚于山林之中？既然他这样的贤能志节之士还被拘囚，那么所谓"圣"，所谓"贤"，又从何谈起？这样看来，柳的以山林为拘囚，正是以声东击西的手法对统治者残酷压抑人才扼杀人才之行为的愤怒抗议。

柳宗元在永州时的好友吴武陵曾在柳为柳州刺史后向当时的宰相裴度申言："古称一世三十年，子厚之斥十二年，殆半世矣！霆硠电射，天怒也，不能终朝；圣人在上，安有毕世而怒人臣耶？"[①]这话说得何等透彻！其中又包含多少激愤！专制君主"毕世而怒人臣"，这不正是柳宗元被长久拘囚和他之所以赋《囚山》的深层原因吗？

三、缘于生命荒废的个体悲情

柳宗元生命悲感之沉重是与他政治理想之宏阔、自我期望值之高远、执着意识之顽强成正比的。"子厚少精敏，无不通达。……俊杰廉悍，议论证据今古，出入经史百子，踔厉风发，率常屈其座人，名声大振，一时皆慕与之交，诸公要人争欲令出我门下，交口荐誉之。"[②]以如此俊美的才质参与政治，必然

---

① 《新唐书》卷二〇三，中华书局 1975 年版，第 5792 页。
② 韩愈《柳子厚墓志铭》，马其昶校注：《韩昌黎文集校注》，上海古籍出版社 1986 年版，第 511 页。

会受到不次拔擢。永贞元年，他以33岁之龄出任礼部员外郎，作为二王集团的骨干，大刀阔斧地推进改革，欲一扫贞元弊政；然而他怎么也想不到，许国不复谋身的全身心投入，到头来竟落得个万死投荒的下场！一次次被抛向遥远的贬途，一次次在群山环绕中翘首北望，在几达"半世"的被囚被弃中，他饱尝忧患，度日如年，熬白了双鬓等老了心，仍无出头之日，一种至深至切的生命荒废感怎能不如文火般不断地、愈来愈烈地烤炙着他的灵魂？

这种生命的荒废感与贬谪诗人现实的被抛弃、被拘囚紧相联系，而这被弃、被囚的生命沉沦又导致了贬谪诗人对个体生命的深刻体认。我们知道，人的生命是短暂的，又是宝贵的。唯其短暂，才益发见出了宝贵；唯其宝贵，才令人弥足珍视。所以，在中国古代文人那里，无不具有一种深刻的生命意识，他们不仅重视生命的生理时间，而且更重视生命的现实时间，也就是说，生命的生理时间是有限的，不可延长的，但他们却希望通过在现实中的努力作为来增加生命之生理时间的有效性；即使身处逆境，也要从挫折中奋起，努力抗争，以自我的顽强拼搏为生命的发挥效用开拓出一条通道。然而，摆在贬谪诗人面前的现实却是：由于恶劣的自然环境的侵袭，人的身心健康不断受到破坏，生命的生理时间可怕地缩短着；由于远离了他们熟悉的文化环境和社会政治活动中心，英雄失去了用武之地，而在贬所所任官职大多有职无权，致使大好生命白白耗费于穷山恶水之中，因而生命的现实时间也在飞速流逝；更为重要的是，他们虽希望从挫折中奋起，做过多次的挣扎、努力，但却石沉大海、前景渺茫，甚至还要受到更加沉重的打击；壮盛之年就这样缓慢而又迅速地度过，取而代之的是那惊心的白发和衰老的心境。面对这生命的沉沦，他们怎能不痛心疾首？又怎能不生出生命荒废的无穷悲感？须知，他们都曾是抱着齐天宏愿而欲利用生命大有作为的呵！

人对生命看得愈重，由此导致的痛苦便愈深；人愈是执着于自我，便愈是难以摆脱焦虑和苦闷；人愈是痛感于时间的无情，无情的时间就给人愈为残酷的报复。请看柳宗元的表白：

> 少时陈力希公侯，许国不复为身谋。风波一跌逝万里，壮心瓦解空缧囚。缧囚终老无余事，愿卜湘西冉溪地。却学寿张樊敬侯，种漆南园待成器。（《冉溪》）
>
> 摧伤之余，气力可想。假令病尽已，身复壮，悠悠人世，越不过为三十年客耳。前过三十七年，与瞬息无异。复所得者，

其不足把玩，亦已审矣。（《与李翰林建书》）

悲夫！人生少得六七十者，今已三十七矣。长来觉日月益促，岁岁更甚，大都不过数十寒暑，则无此身矣。是非荣辱，又何足道！（《与萧翰林建书》）

这里有两点值得注意：其一，由壮心的瓦解、生命的废弃而转生归田之念，欲借此解脱苦闷的缠绕；其二，在对人生命历程之短暂的深切体悟中，感到人生不足恃，是非荣辱不足道。表面看来，柳宗元在此少了一些执着，而多了一些抽身退步的放旷；少了一点欲罢不能的悲怀，而多了一点自解自慰的超然。可是，只要我们向深处探察一步，便会立即发现，这乃是执着人故作超然语，其超然的背后，正滚动着"立身一败，万事瓦裂，身残家破，为世大僇"（《寄许京兆孟容书》）之痛苦情感的轩然大波！昔日许国希公侯的意念他是很难忘怀于心的，壮心瓦解被拘一隅的现实境遇只能愈发强化他对生命荒废的感受，是非荣辱之念几已深入骨髓，岂是轻易可以抹去？而欲学后汉樊重之种漆南园亦不过说说而已，真要如此，他那颗不甘受辱的不安定灵魂怕也难以平静。因为事情很明显，一个"悲夫"，道尽了人生的凄凉：人的生命本即短暂，"前过三十七年，与瞬息无异"，再过"数十寒暑，则无此身矣"，如此短暂的生命行程，本应抓紧利用，干出一番事业，可现实却将他牢牢束缚于穷山恶水之中，只能眼看着"日月益促，岁岁更甚"的时光空空流逝，大好的生命日益沉沦、白白耗费，当此之际，他不可能不感到一种揪心的痛苦。内心本极痛苦，却强作无所谓态，不是愈发反证了他的痛苦是无法排解的吗？

综观柳宗元的言行，确曾表现过一些希望归田终老的欲念和借佛理、山水以排遣苦闷的倾向。所谓"为农信可乐，居宠真虚荣。乔木余故国，愿言果丹诚"（《游石角过小岭至长乌村》），"皇恩若许归田去，晚岁当为邻舍翁"（《重别梦得》），所谓"浮图诚有不可斥者，……凡为其道者，不爱官，不争能，乐山水而嗜闲安者为多。吾病世之逐逐然唯印组为务以相轧也，则舍是其焉从"（《送僧浩初序》），便是这种欲念和倾向的明证。固然，所有这些都是柳宗元的真实想法，而且在一定时期还表现得比较浓烈，但问题的关键在于，柳宗元本质上是一个执着型的士人，他性格中刚直峻切、固执信念的成分过重，因而即使想超然也难以超然得成。以其出游山水为例，即可看到，他往往是闷即出游，游复生悲，观赏景物所带来的那点愉悦稍纵即逝，极为短暂。在"步登最高寺，萧散任疏顽"

之后，接踵而来的便是那"赏心难久留，离念来相关"（《构法华寺西亭》）；刚刚领略到了一点"始至若有得，稍深遂忘疲"的乐趣，马上又被牵拽到了"去国魂已游，怀人泪空垂"（《南涧中题》）那永久的现实悲患之中。在柳宗元身上，似乎总有一种无形而巨大的牵拽力量，时时刻刻在发挥作用，将他拖向苦闷的深渊。大凡他独游山水的时候，便是他最孤独的时候；他宣称人生无谓的时候，便是他被弃感、被拘囚感和生命荒废感最沉重的时候；而他寄身佛理、盼望归田的时候，则是他心灰意冷最感绝望的时候。正是由于此，所以我们说，柳宗元的生命悲感除与他的政治理想和自我期望值紧相关联外，在很大程度上还源于他对生命的过度重视、对自我的顽强执着以及对时间的全力关注。如果不是这样，如果他换一种活法，漠视生命、摆脱自我、淡化时间意识，超然物外，自得自适，那么其生命悲感便绝不至于像现在这样沉重。

四、"时间的损伤"与性格变异

从本质上看，柳宗元是一个心性激切而又颇有些孤傲的人，是一个认准了事理而决不肯轻易改弦易辙的人。正由于此，他才不能从根本上变换活法，他才在遥遥无期的谪居生涯中，经受了比一般人剧烈得多的精神折磨，并由此一步步导致了他的性格变异。

心理学认为，刺激是随着时间的延长而递减的，也就是说，当刺激已达到其阈限的时候，此后的刺激便难以产生初次刺激那样明显的心理反应；但从另一面看，这种递减只是对刺激强度之反应的递减，而并非受刺激者对刺激之感知深度的递减。事实上，由于刺激的反复作用，由于时间的沉潜力量，被刺激者极易形成一种固定化了的、潜意识的心态以及与之相应的性格特征。柳宗元的情况便是如此。一方面，接连不断的政治打击使他对自己被抛弃、被拘囚和生命荒废的感受特别敏锐、特别深刻；另一方面，长期谪居所经历的各种忧患磨难又使他对外界刺激产生了一种适应性，在感受上相对迟钝和冷漠。一方面，他确实想摆脱樊笼的拘囚，并为此做过多种努力；另一方面，他也因希望渺茫而不得不将巨大悲苦沉潜于心底，以沉默寡言、反视内省的态度来应付并漠视外界的事变。在《与萧翰林俛书》中，他这样说道："自料居此，尚复几何？岂可更不知止，言说长短，重为一世非笑哉？读《周易·困卦》至'有言不信，尚口乃穷'也，往复益喜，曰：'嗟乎！余虽家置一喙以自称道，诟益甚耳。'用是更乐暗默，思与木石为徒，不复致意。"很明显，柳宗元这种自甘暗默、思与木石为徒的态度，既可以谓之为一种心理防卫的方式，也可以说是由时间推移和刺激重复所造成的性格变异。在诗中他曾一再申言："远弃甘幽独"（《酬娄秀才将之淮南见赠之什》）、"寂寞固所欲"（《夏初雨后寻愚溪》）、"岁月杀忧栗，慵疏寡将迎"（《游石角过小岭至长乌村》）。这些诗句，无不展示出诗人性格向忧郁、冷漠变化的轨迹。西方学者论冷漠谓：

冷漠是一种奇特的状态，它是人防卫打击以免于实质损伤的一种方式。当然，它如果持续过久，人也会遭到时间的损伤。

这种状态持续愈久，冷漠也就愈是迁延下去并最终发展为一种性格状态。这种漠然状态意味着从旋风般的要求中退避出来，面对高强度刺激无动于衷；意味着由于深恐被激流淹没而站在一边不予响应。①

---

① ［美］罗洛·梅著，冯川译：《爱与意志》，国际文化出版公司1987年版，第23页。

由于柳宗元长期处于被抛弃、被拘囚的环境，处于忧郁苦闷、不与世接的状态，因而不能不使他一变昔日"踔厉风发"的外向型心性为内向型的自甘幽独、枯寂冷漠，而且也不能不使他因旷日持久的外在压抑和自我压抑遭受严重的"时间的损伤"。从实质上看，这种损伤与对象的缺乏亦即人与外在世界的强迫性疏远紧相关联；而作为其结果，则表现为一种集苦闷、悲伤、忧愤于一体而又难以言状的精神空落感。在《对贺者》一文中，柳宗元说自己"尝静处以思，独行以求"，但到头来却是"茫乎若升高以望，溃乎若乘海而无所往"；在文章的最后，他更是如此说道："嘻笑之怒，甚乎裂眦，长歌之哀，过乎恸哭。庸讵知吾之浩浩非戚戚之尤者乎？"（《对贺者》）这是何等沉痛的表白！又是何等悲怆的一问！表面之"浩浩"为内心之"戚戚"，而且是"戚戚之尤者"，这种表里悖反的情形，不正说明贬谪诗人的精神状态已达百忧攻心、万感交集、悲欢难言、哀乐莫辨的地步了吗？不正反映了他那想排遣而不得、欲麻痹而不能，历久弥新、无可终止的生命悲感吗？

柳宗元的生命沉沦导致了他深重的苦闷心理，同时也孕育了他源于被抛弃、被拘囚乃至生命荒废的强烈悲感，使他创作出了中世纪最为悲怆最具穿透力的文学精品；而柳宗元的性格变异，则直接影响到其诗文那以冷峭著称、几已凝固化了的偏执风格的形成，并从深层展示出贬谪诗人在屈辱、苦难境遇中不肯降心辱志而努力挣扎的痕迹。解读柳宗元的作品，似当首先着眼于此。

柳宗元之"孤愤"

　　细读柳集，在感受柳宗元内心郁闷、性格变异的同时，还会感受到一种深沉的"孤愤"情怀。

　　所谓孤愤，自然以愤为中心，但也包含着浓郁的悲伤。这里，悲伤是孤愤的前提，孤愤是悲伤的发展；孤愤赋予悲伤以深度，悲伤则增加了孤愤的浓度，二者相包相容，不可或缺。在中国历史上，孟子最先提出与孤愤相关的"孤臣"概念："独孤臣孽子，其操心也危，其虑患也深。"朱熹注谓："孤臣，远臣；孽子，庶子；皆不得于君亲，而常有疢疾者也。"[①] 由此可

---

① 朱熹撰：《四书章句集注·孟子集注》卷十二《尽心章句》上，中华书局 1983 年版，第 354 页。

知，孤臣者，孤立无援之臣也，不得于其君之远臣也。与孤臣相对应，孽子即庶出之子，不见爱于双亲之子。对贬谪诗人来说，他们被抛弃在荒远之地，远离朝廷，不仅不得于君，而且还要受到多方面的迫害打击，无疑属于孤臣；同时，在家国一体的专制社会中，君、亲本是一体的，因而他们的身世遭际又形同孽子。所以，柳宗元说自己"孤臣泪已尽，虚作断肠声"（《入黄溪闻猿》），刘禹锡说自己"孤臣本危涕，乔木在天涯"[①]，韩愈则将自己比作失母的弃儿，既深深致怨："儿罪当笞，逐儿何为？"又自悲自伤："母生众儿，有母怜之；独无母怜，儿宁不悲？"[②]在这里，无论是孤臣之愤，还是孽子之恨，都偏重于被君、亲抛弃而导致的凄凉哀怨。

但从另一方面看，在这凄凉哀怨中又饱含孤臣孽子基于生命沉沦的强烈愤激，而其生命之所以沉沦，主要又是因了心性的孤直，所以，孤愤的另一重含义，便理所当然地指孤臣孽子因孤直而不容于时、见弃于世的愤慨。据《史记·老子韩非列传》，韩非"悲廉直不容于邪枉之臣，观往者得失之变，故作

---

① 刘禹锡《晚岁登武陵城顾望水陆怅然有作》，陶敏、陶红雨：《刘禹锡全集编年校注》，岳麓书社2003年版，第178页。

② 韩愈《琴操十首·履霜操》，钱仲联，马茂元校点：《韩愈全集》，上海古籍出版社1997年版，第104页。

《孤愤》《五蠹》《内外储》《说林》《说难》十余万言。"司马贞《索隐》谓："《孤愤》，愤孤直不容于时也"。《韩非子·孤愤》注谓："言法术之士，既无党与，孤独而已，故其材用终不见明。卞生既以抱玉而长号，韩公由之寝谋而内愤。"①综上所言，所谓"孤愤"已于哀凉悲怨之外增添了一种由人生感恨长久郁积而向外喷发的怨怒抗争情怀。对元和贬谪士人来说，他们无一不是孤直而见弃于世之士，也无一不有"愤孤直不容于时"之情，所以刘禹锡明言："昔称韩非善著书，而《说难》《孤愤》尤为激切，故司马子长深悲之。……而（余）独深悲之者，岂非遭罹世故，益感其言之至邪！"在今古遥接的跨时空联想中，已自深寓了特具历史内涵的人生悲凉，而自身不容于时、见弃于世的现实遭际，更孕育了诗人"独深悲之"的一腔愤懑。"悲斯叹，叹斯愤，愤必有泄，故见乎词。"②于是，在元和贬谪文学的群体鸣唱中，一种郁怒不平、深沉激越的情怀和格调便自然形成了。

---

① 王先慎撰，钟哲点校：《韩非子集解》卷四，中华书局 1998 年版，第 78 页。
② 刘禹锡《上杜司徒书》，陶敏、陶红雨：《刘禹锡全集编年校注》，岳麓书社 2003 年版，第 886 页。

一、"愤孤直不容于时"

与同时期诗人相比，柳宗元的孤愤尤其强烈深沉。在其作品中，既有对自我遭际绵延不绝的悲叹，也有对人格志节终始如一的表白，而表现更多的，却是生命沉沦数十年郁积而成的极其深广的悲怨和愤慨。

> 溪路千里曲，哀猿何处鸣？孤臣泪已尽，虚作断肠声！
> （《入黄溪闻猿》）

这是何等寂寞苍凉的心境！其中又包含了多少忧愤不平！不是吗？世事混浊，人间多难，黄钟毁弃，瓦釜雷鸣，生命空被荒废，欲一返而不可得，承受着巨大的政治压力，整日与穷山恶水为伴，"嘻笑之怒，甚乎裂眦；长歌之哀，过乎恸哭"（《对贺者》），内心的承受力已达极限。当此之际，他于悲伤之余，怎能不深感愤懑？又怎能不将此愤懑借文学作品倾泻而出？

李涂《文章精义》谓"子厚发之以愤激"[1]，甚确。通观柳宗元的诗文，几乎篇篇染满孤臣悲伤愤怨的斑斑血痕。在《祭

---

[1] 李涂：《文章精义》，人民文学出版社 1960 年版，第 63 页。

吕衡州温文》中，柳宗元怀着万分的悲痛，长呼苍天：

> 呜呼天乎！君子何厉？天实仇之；生人何罪？天实仇之。聪明正直，行为君子，天则必速其死；道德仁义，志存生人，天则必夭其身。吾固知苍苍之无信，莫莫之无神，今于化光之殁，怨逾深而毒逾甚！……天乎痛哉！……道大艺备，斯为全德。而官止刺一州，年不逾四十，佐王之志，没而不立，岂非修正直以召灾，好仁义以速咎者耶？

这里，诗人对好友吕温的早逝充满悲哀、怨愤是显而易见的。一方面，他将吕温的早逝归咎于"天"，而又明言"苍苍之无信，莫莫之无神"，可见"天"只不过是诗人泄怨的表面对象，而真正的对象无疑是导致吕温被贬的专制政治；另一方面，诗人与吕温同是革新派成员，又都遭贬，因而他悲悯吕温，即是悲悯自己，他说吕"修正直以召灾，好仁义以速咎"，即是对自己和其他被贬友人之身世遭际的深深不平，是对专制政治颠倒黑白、不分贤愚做法的别种抗议，而祭文中"呜呼天乎""天乎痛哉"的反复出现，则大大强化了诗人不平和抗议的程度，并使得他的激愤情感如大江出闸，滔滔东注，无遮无拦。

同样的孤愤情怀还突出地表现在柳宗元写给许孟容、杨凭、裴埙、萧俛、李建等人的书信中。这些书信备述身世遭际，痛陈是非曲直，但见泪痕，不睹文字，充满着巨大的人生感恨和悲剧气息。孙琮评《与裴埙书》谓："通篇纯作愤懑无聊文字，极写怨望心事。前二段，自述得罪之由。中后四段，凡怨望朝廷，写作两番；怨望友朋亦写作两番。此不是重复：盖怨望朝廷而不得伸，转而望之友朋；怨望友朋而不得伸，又转而望之朝廷。望之朝廷而终不得伸，于是决意望之友朋。故作四段写来，展转反复，纯是一片愤懑无聊情况。孤臣心事，极力写尽"。①又评《寄许京兆孟容书》云："鹿门先生谓此书与马迁《报任安书》相似，然亦有大不同处：迁书激昂，此书悲愤；迁书写得雄快，此书写得郁结；迁书写得慷慨淋漓，此书呜咽怜惜。分道扬镳，各臻其妙。"②且不说这两段评语是否恰当，仅就其对子厚愤懑悲伤之九转哀肠的揭示而言，就其所下"悲愤""郁结""孤臣心事，极力写尽"等断语而言，亦可谓准确抓住了贬谪诗人孤愤情怀的要义真谛。

　　"指白日以致愤兮，卒颓幽而不列。……古固有一死兮，

---

①　《柳宗元集校注》卷三十，中华书局 2013 年版，第 1997 页。
②　同上，第 1972 页。

贤者乐得其所！"(《吊苌弘文》)是死亡，以其内含的对人生的巨大威胁，唤醒了贬谪诗人对生命价值的深刻意识，也使他在对道德人格的执着中，表现出了虽悲凉却无所畏惧的人生态度和忠愤情怀。所以柳宗元在其诗作中一再表示了他对混浊时事的强烈激愤："理世固轻士，弃捐湘之湄"(《零陵赠李卿元侍御简吴武陵》)，"希声闷大朴，聋俗何由聪"(《初秋夜坐赠吴武陵》)，"苟偷世之谓何兮，言余心之不臧"(《吊乐毅文》)，"众情嗜奸利，居货捐千金。危根一以振，齐斧来相寻。揽衣中夜起，感物涕盈襟。微霜众所践，谁念岁寒心？"(《感遇二首》其一)这里的所谓"理世"不过是正话反说，"聋俗""偷世"才是它的真正含义。正是在对这聋俗偷世的指斥中，我们看到了柳宗元这位中世纪诗人"愤孤直不容于时"的全部苦闷和郁怒不平。

二、托物讽喻以泄愤

柳宗元的孤愤情怀还表现为以寓言讽刺的方式对政敌进行猛烈鞭挞。

通观元和贬谪文学可知，借寓言诗、寓言文以讥讽政敌、抒发郁愤的作品是大量的、引人注目的。一方面，元和贬谪诗人的遭受打击、生命沉沦，几乎无一不与权臣佞幸的从中作祟有关，因而，他们对此权臣佞幸及其追随者不能不怀有满腔的义愤；另一方面，他们"身居下流，为谤薮泽"（柳宗元《答问》），在严酷的政治压抑和恐怖气氛中，又难以将心中的仇恨和义愤直白无隐地和盘托出，于是，便托物讽喻，指桑骂槐，言此意彼，抒忧泄愤。

在《骂尸虫文》中，柳宗元把政敌比作阴秽变诈以害于物的尸虫，怒不可遏地予以痛斥：

来，尸虫！汝曷不自形其形？阴幽跪侧而寓乎人，以贼厥灵？膏肓是处兮，不择秽卑；潜窥默听兮，导人为非；冥持札牒兮，摇动祸机；卑陬拳缩兮，宅体险微。以曲为形，以邪为质，以仁为凶，以僭为吉，以淫诼诳诬为族类，以中正和平为罪疾，以通行直遂为颠蹶，以逆施反斗为安佚。谮下谩上，恒其心术，妒人之能，幸人之失。

柳集韩注谓："公此文盖有所寓耳。……当时之谗公者众矣，假此以嫉其恶也。"①此解甚确。在《寄许京兆孟容书》中，柳宗元曾对昔日受谗情形痛苦地追忆道："宗元早岁……勤勤勉励。唯以中正信义为志，以兴尧、舜、孔子之道，利安元元为务。……很忤贵近，狂疏缪戾，蹈不测之辜，群言沸腾，鬼神交怒。加以素卑贱，暴起领事，人所不信。射利求进者，填门排户，百不一得，一旦快意，更造怨讟。以此大罪之外，诋诃万端，旁午构扇，尽为敌仇，协心同攻，外连强暴失职者以致其事。"将此追忆与前引《骂尸虫文》作一比照，则二者何其相似乃尔！很明显，那些"以淫谀诐诬为族类，以中正和平为罪疾"的尸虫，正是现实中对"以中正信义为志"之诗人怨詈谗毁的"射利求进者""强暴失职者"。进一步说，柳宗元正道直行而遭谗毁、而被远贬；远贬之后这谗毁仍无休止，甚至"谤语转侈，嚣嚣嗷嗷"（《与萧翰林俛书》）；在这种情况下，他怎能不在备感冤屈的同时而义愤填膺？又怎能不对人世的"尸虫"们予以激切的斥骂？

为了发泄压在心头的沉重郁愤，柳宗元更将政敌比作蝮蛇、王孙，把混浊的政治比作曲几，嬉笑怒骂，正话反说，极尽讽刺、批判、鞭挞之能事。在他看来，现实社会不过是"欹

---

① 《柳宗元集校注》卷十八《骂尸虫文》补注引，中华书局 2013 年版，第 1238 页。

形诡状，曲程诈力"的"末代淫巧"之世，此世"人道甚恶，惟曲为先。在心为贼，在口为愆"（《斩曲几文》）。正是这样的社会，豢养了一批蝮蛇、王孙般的小人，他们或是"蓄怒而蟠，衔毒而趋，志蕲害物，阴妒潜狙"，"缘形役性，不可自止。草摇风动，百毒齐起，首拳脊努，呻舌摇尾。不逞其凶，若病乎己"（《宥蝮蛇文》）；或是"跳踉叫嚣兮，冲目宣龂。外以败物兮，内以争群。排斗善类兮，哗骇披纷"，属于"甚可憎"之类。因而，作者明确表示：决不与此恶类同流合污，而要"退优游兮，惟德是效"，并召唤"山之灵"从昏睡中醒来，除此恶类（《憎王孙文》）。宋人晁补之有言："王孙、尸虫、蝮蛇，小人谗佞之类也；其憎之也，骂之也，投畀有北之意也；其宥之也，以远小人不恶而严之意也。"① 核之柳文，此语诚然。

将强烈的孤愤纳入饱经沧桑的悲凉心境，以深刻的理性认知去审视社会、解悟人生，乃是元和贬谪诗人孤愤情怀的又一种表现。对元和贬谪诗人来说，自身的孤愤和悲伤，为他们提供了观察社会和人生的新的视角，而视角的改变，则大大深化了他们对问题的思考深度。"世路山河险，君门烟雾深。年年

---

① 《柳宗元集校注》卷十八《宥蝮蛇文》补注引，中华书局2013年版，第1255页。

上高处，未省不伤心。"①人世的路途有如崎岖高峻、湍流急奔的山河，险恶无比；君主专制和社会政治的内幕有如层层缭绕的烟雾，深不可测；这些事理平昔也曾想到，但终有隔膜，只有当身遭打击、亲历其境的时候，只有当产生了巨大的人生感恨并将此感恨融入肌骨的时候，感触才益发深刻；而生命年复一年的沉沦，情感年复一年的凝聚，更给这深刻的感触增添了一种"心如止水鉴常明，见尽人间万物情"②的理性成分。在与刘禹锡再遭远迁临岐分手之际，柳宗元写道：

> 信书成自误，经事渐知非。今日临岐别，何年待汝归？
> （《三赠刘员外》）

是长久的生命磨难加深了诗人的社会认知，是险恶的社会现实教给了诗人书本所无的人生经验，而当这认知和经验早已铭刻在了心里，当再度遭受打击远赴穷荒不得不与好友扬镳分道之际，诗人想到的已不是卧薪尝胆的十年生聚、东山再起，

---

① 刘禹锡《九日登高》，陶敏、陶红雨：《刘禹锡全集编年校注》，岳麓书社2003年版，第197页。
② 刘禹锡《和仆射牛相公寓言二首》其二，同上，第716页。

而是饱含沉痛与省悟的对社会政治的厌恶和避离了。是呵，
"世间人事有何穷？过后思量尽是空"①。"世途倚伏都无定，尘
网牵缠卒未休！"②面对匆匆过往的人事，回首一次次被贬被放
的遭际，怎能不使贬谪诗人怀着深深的戒惧和忧愤而生出万端
感慨？所以，在柳宗元的各类诗文中，出现了大量融孤愤情怀
与悲凉心境于一体的透视世事人心的力作。

　　著名的《三戒》人已熟知，它通过《临江之麋》《黔之驴》
和《永某氏之鼠》三个寓言故事，从不同角度表现了柳以自身
经验为基础的人生体察，其深刻意义诚如论者所谓："就麋和
鼠来说，它们的下场意味着胜败存亡并不在于当事者本身的道
德性格或是它保护人的权势；而黔之驴的寓意则更进一步提供
了例证：在毫无道德概念或环境势力干扰的情况下，自然律继
续起作用，其结果与当事人的道德性亦无关。《三戒》固然包
含了驴之自大、鼠之暴虐、麋之愚弱，但其共同点却在于说明
自然最终无感于人的偏见和人欲控制自己和别人命运的徒劳

①　刘禹锡《重寄表臣二首》其二，陶敏、陶红雨：《刘禹锡全集编年校注》，岳麓书社
　　2003年版，第278页。
②　白居易《放言五首》其二，顾学颉校点：《白居易集》卷一五，中华书局1979年版，
　　第319页。

无益。"① 如果说，《三戒》所阐发的生活哲理在涵纳作者人生体验的同时还具有较大的宽泛性，那么，在《复吴子松说》和《宋清传》中所表现的理性认知在包孕作者人生体验一点上便无疑更为突出、更为集中了。《复吴子松说》是一篇借题发挥、不平而鸣的短文，文中针对吴武陵关于树表皮何以有斑驳奇诡之纹、人何以有贤不肖、寿夭、贵贱的疑问，谈了作者的看法，并由此引申一层：

> 然有可恨者，人或权褒贬黜陟为天子求仕者，皆学于圣人之道，皆又以仁义为的，皆曰我知人，我知人。披辞窥貌，逐其声而核其所蹈者，以升而降。其所升，常多蒙瞽祸贼僻邪，罔人以自利者；其所降，率恒多清明冲淳不为害者。彼非无情物也，非不欲得其升降也，然犹反戾若此。逾千百年，乃一二人幸不出于此者。征之，犹无以为告。今子不是病，而木肤之问为物者有无之疑，子胡横讯过诘扰扰焉如此哉！

混浊反戾的世风，贤不肖倒置的现实，乃是引发作者悲之愤之的前提条件，而作者才而见弃的自身遭际以及由此生发的

---

① 陈幼石：《韩柳欧苏古文论》，上海文艺出版社1983年版，第71页。

孤愤情怀，在冷静思考后转变为深刻的思想，则愈发加强了文章的穿透力。在《宋清传》中，作者描写了一位急人之难、乐善好施的药商宋清。尽管宋清"以是得大利"，但其"取利远，远故大，岂若小市人哉"？由宋清之作为反观世间人际关系，作者不禁慨然长叹：

> 吾观今之交乎人者，炎而附，寒而弃，鲜有能类清之为者。世之言，徒曰"市道交"。呜呼！清，市人也，今之交有能望报如清之远者乎？幸而庶几，则天下之穷困废辱得不死亡者众矣，"市道交"岂可少耶？或曰："清，非市道人也。"柳先生曰："清居市不为市之道，然而居朝廷、居官府、居庠塾乡党以士大夫自名者，反争为之不已，悲夫！

先以"市道交"论清，认为清所为者远胜"今之交乎人者"；继以"非市道人"论清，指出清之品格远胜"以士大夫自名者"。前者借清之真诚反衬众人之虚伪，后者借清之高雅反衬士大夫之庸俗。"炎而附，寒而弃"，道尽了人情之冷暖；"反争为之不已"，道尽了世风之偷薄。柳集韩注谓："公此文在谪永州后作。盖谓当时之交游者不为之汲引，附炎弃寒，有愧于清之为者，因托是以讽。"①此说固然不错，但在其讽喻之外，还存在着一种更深沉的情感，那就是作者在饱经"穷困废辱"之折磨后日益强烈的孤臣反思，正是这种反思，给了作者直面人生的勇气和辨别是非的智慧。

《行路难三首》更集中地表现了柳宗元对艰难世事的洞察及其孤愤情怀。第一首写夸父逐日、力尽道渴而死后，"狐鼠蜂蚁争噬吞"的悲剧经历，并以北方短人与之作比，发出"睢盱大志小成遂，坐使儿女相悲怜"的感叹。第二首写虞衡率人滥伐山间大木，使得"群材未成质已夭"；而到"柏梁天灾武库火"时，已无法补救，只剩下"匠石狼顾相愁冤"了。因而，诗人深有感触地说道："君不见南山栋梁益稀少，爱材养育谁复论！"第三首借"飞雪断道冰成梁，侯家炽炭雕玉房"之盛景与"雪山冰谷晞太阳""死灰弃置参与商"之衰景的对比，深刻指出："盛时一去贵反贱，桃笙葵扇安可当！"这三首诗意在说理，而冠以"行路难"之名，说明在其表述的哲理中，深寓着诗人历尽人世艰险而大彻大悟的感怀和孤愤。所以，注解柳诗的韩醇指出：

---

① 《柳宗元集校注》卷第十七《宋清传》补注引，中华书局2013年版，第1163页。

三诗意皆有所讽。上篇谓志大如夸父者竟不免渴死，反不若北方之短人，亦足终天年。盖自谓也。中篇谓人才众多，则国家不能爱养，逮天下多事，则狼顾而叹无可用之才。盖言同辈诸公一时贬黜之意也。下篇谓物适其时则无有不贵，及时异事迁，则贵者反贱。盖言其前日居朝行而今日贬黜之意也。[①]

　　这段解说大致符合柳诗旨意，但深一步发掘还可看到：诗中对夸父遭遇的描写，不仅深寓着诗人自我的英雄末路之悲，深寓着他对复杂人生的深刻解悟，而且表现了他对"睢盱大志小成遂"之社会不公的深深不平；诗中对材木惨遭砍伐的描写，既借物喻人，深自感伤，又抒发了对专制政治扼杀人才的极度愤懑；诗中对贵贱易位、世事变化的描写，不独是写自己由高而低的生命沉沦，更是对整个人生世事的透彻体认，其中包含的，与其说是一人一时一事的感慨，毋宁说是超越具体人事时空的哲理表述以及由此外溢的一种宇宙性悲凉。别林斯基认为：诗的"感情越深刻，思想也越是深刻"，"思想消灭在感情里，感情又消灭在思想里，从这相互的消灭就产生了高度的艺

① 　《柳宗元集校注》卷四三《行路难》引韩注，中华书局2013年版，第3054页。

术性"①。柳宗元上述作品乃至其他贬谪诗人的同类作品，几乎无不与此感情和思想的紧密融合亦即具有强烈孤愤情怀的理性认知相关。

三、咏史怀古以刺世

将强烈的孤愤融入对历史的观照、反思之中，既使得咏史具有浓郁的主观色彩，又赋予怀古以丰厚的现实内蕴和情感深度，也是柳宗元孤愤情怀的一种表现。

诗是心灵的窗口，真正激动人心的诗作必定具备哲学的浓度，真正深刻的历史观照也应反映人的现实精神。柳宗元《咏史》云：

> 燕有黄金台，远致望诸君。嘁嘁事强怨，三岁有奇勋。悠哉辟疆理，东海漫浮云。宁知世情异，嘉谷坐熇焚。致令委金石，谁顾蠹螭群。风波欻潜构，遗恨意纷纭。岂不善图后，交私非所闻。为忠不内顾，晏子亦垂文。

---

① 《别林斯基选集》第1卷263页，人民文学出版社1959年版。

这首诗以战国时期的名将乐毅为歌咏对象，而又暗自关合诗人的身世遭际：乐毅先事燕昭王，颇受重用，为燕拔齐七十余城，立下卓越战功，这就有如诗人参加王叔文政治集团，为顺宗信用，大刀阔斧地革除弊政，使得"市里欢呼"①"人情大悦"②；乐毅在燕昭王卒后，备受燕惠王猜忌排挤，不得已而降赵，流落异国，就如同诗人等革新派成员在顺宗刚退位后即遭宪宗打击，被贬荒远。历史的相似性是惊人的，而其中尤为重要的是人的命运的相似。当这相似的命运在历史上一再出现，并由后人自觉观照前人同一命运的时候，怎能不慨然有动于中？"风波欻潜构，遗恨意纷纭"，这是何等深切的历史经验总结！又是何等沉痛的自我心声表露！设若柳宗元没有生命沉沦的苦难遭际，没有"怅望千秋一洒泪"的孤愤情怀，决说不出这等沉痛的话来。

同样的情形更突出地表现在《咏三良》中。三良即春秋时代秦国子车氏之三子奄息、仲行、针虎。秦伯任好卒，三良皆被殉葬③。《咏三良》即取材于此。值得注意的是，历史故事本

---

① 《顺宗实录》卷一，《韩昌黎文集校注》，上海古籍出版社1986年版，第699页。
② 《顺宗实录》卷二，《韩昌黎文集校注》，上海古籍出版社1986年版，第701页。
③ 见《左传》文公六年条，《春秋左传正义》卷一九，《十三经注疏》，中华书局1980年版，第4003页。

极简略，但到了柳宗元手下却得到了大大的扩展和丰富：

> 束带值明后，顾盼流辉光。一心在陈力，鼎列夸四方。
> 款款效忠信，恩义皎如霜。生时亮同体，死没宁分张？壮躯
> 闭幽隧，猛志填黄肠。

这段文字从具体参政到殉死身亡，写得有声有色，情感激腾澎湃，极具现实意味，若非有切身参政经验如柳宗元者，是很难写得出来的。联系到柳宗元在《冉溪》中所谓"少时陈力希公侯，许国不复为身谋。风波一跌逝万里，壮心瓦解空缧囚"，则此"一心在陈力"数语岂不正是诗人对革新派成员当年勇于参政之行迹的追述和表白？如果再联系到王叔文被赐死，王伾、凌准相继被贬死的事件，则此处对三良殉死的咏叹，又何尝不可视作是对王叔文等人惨死的悲悼？更进一步，秦穆公以三良为殉一事在历史上是颇受非议的，但诗人在此却一反传统看法，移花接木，将穆公开脱出来。一方面，曰"明后"，曰"恩义皎如霜"，曰"生时亮同体，死没宁分张"，在在表现出君主之贤明与君臣关系之紧密；另一方面，又郑重指出："殉死礼所非，况乃用其良？"那么，这一让三良殉死者究系何

人？从下文来看，并非穆公，而是穆公之子康公。为了说明这一点，诗人进一步引用魏武子卒，遗命令嬖妾殉死，而其子改其命的故事①，说道："疾病命固乱，魏氏言有章。"意思是说，魏武子之子之所以不从父命，以人为殉，是因为已认识到其父被疾病搞糊涂了，遗命不需要遵从；由此引申开来，则秦穆公又何尝不是这种情形？设若秦穆公也是"疾病命固乱"，则其子康公即不应遵从父命，而应像魏武子之子那样去做；可是，康公不仅没有这样做，坚持了"礼所非"的殉葬制度，而且所殉之人竟是三良，这岂不是罪上加罪？因而，诗人对此行径不能不义愤填膺，以致公开宣称：

从邪陷厥父，吾欲讨彼狂！

柳集孙注云："彼狂，谓穆公子康公也。"②这话虽然不错，但还只是就史论史之言，实际上，柳宗元在此早已跳出了单纯的咏史层面，而将批判的矛头直接指向现实了。他欲讨伐康

---

① 《左传》宣公十五年条，《春秋左传正义》卷一九，《十三经注疏》，中华书局1980年版，第4098页。

② 《柳宗元集校注》卷四三《古今诗·咏三良》引孙注，中华书局2013年版，第3112页。

公，实乃鞭挞宪宗；他为穆公开脱，实则为顺宗张目；他称赞三良与穆公的生时同体、死不分张，实指王叔文等与顺宗同归于尽，借以慰藉忠魂；他咏叹三良的被殉而死，实即痛悼王叔文等革新志士的悲剧命运，借以抒发孤愤。如果不是这样，那么，柳宗元为何一再选取历史上父子相悖的事件（如燕昭王父子、秦穆公父子、魏武子父子）为歌咏题材？他为什么会为一历史事件而大动肝火，竟至于去"讨彼狂"？为什么他不去声讨史家一再批评的令人从死的秦穆公①，而要去声讨那几乎无人提及的秦康公？为什么他的咏叹对象又都是与自己身世遭际相类似的乐毅、三良之流？

在高明的诗人那里，历史往往即是现实，对史事的怀想即是对今事的思考，而为古人鸣冤也就是为今人叫屈。清人沈德潜有言："己有怀抱，借古人事以抒写之，斯为千秋绝唱。"②就此而言，柳宗元的上述作品诚可当之，而他的孤愤情怀也由此得以进一步彰显。

---

① 参见《史记》卷五《秦本纪》，中华书局 1982 年版，第 194 页。
② 沈德潜：《说诗晬语》，人民文学出版社 1979 年版，第 244 页。

人生逆境中的信念持守

——柳宗元、刘禹锡执着意识的三大特征

一般来说，人们面对忧患主要表现为两种态度：或在精神上竭力摆脱忧患的萦绕，忘怀得失，超然物外，以获取自我心灵的自足自适；或与忧患抗争，执着地持守固有信念，即便内心承受着撕裂般的痛苦也在所不辞，从而展示出一种伟大的人格和顽强克服悲剧的精神。如果下一定义的话，则这两种态度姑可名之为超越意识和执着意识。

与同时代的贬谪诗人韩愈、元稹、白居易等相比，柳宗元、刘禹锡可谓典型的执着型士人。韩、元、白诸人之被贬或由于弹劾权奸，或由于强言直谏，其正道直行之声名广为人知，故颇能得到社会舆论的赞赏和同情，而柳、刘则大不相同，他们

虽亦忧国忘身、刚正不阿，但却被朝廷视为党人群小，背负着政治罪人的声名而投迹荒远，因而不仅很难得到同情，而且还要承受浮谤如川的舆论压力。然而，正是在这样一种远远超出常人承受能力的境遇中，他们以其顽强的生命意志和坚定的自我信念，与各种外在压抑相抗争，维护了自我的操守和人格的尊严，同时也维护了他们作为诗人的一念真诚。

一、对固有信念的坚定持守

柳宗元、刘禹锡的执着意识主要表现在三个方面。首先是建立在深刻反思基础上的信念执着。

对柳、刘来说，贬谪既导致了他们的生命沉沦和苦闷心理，同时也磨炼了他们的意志，加深了他们对人生的体悟，而且更为他们提供了一段长久的反思往事、省察自我的时间。在被贬之前，柳、刘气盛心锐，大呼猛进，往往热情有余而理智不足，在紧张激烈的现实斗争中，很少有机会能静下心来对社会政治和革弊图强的有关问题作全面深入的思考；而被贬以后，往昔的热情早已为现实的严酷所取代，紧随极度紧张之后，是被抛弃被拘囚的巨大空寂和孤独，当此人生的转折关头，他们不能不怀着痛定思痛的心情，对已经过去的那幕政治悲剧作一番深深的思考，借以辨明是非曲直，寻找失足的真正原因。所谓"吾尝静处以思，独行以求"（柳宗元《对贺者》），正表现了他们此期的主要心态。

"何投分效节有积尘之难？何谮行爱弛有决防之易？何将进之日必自见其可而后亲？何将退之时乃人言其否而遂弃？"在《上杜司徒书》中，刘禹锡怀着沉痛的心情连发四问，表现了他在巨大的政治打击下忧愤交攻、不能自解的极度苦闷。那么，为什么会如此呢？下面回答道："良由邪人必微，邪谋必阴；阴则难明，微则易信；罔极泰甚，古今同途。""是非之际，爱恶相攻；争先利途，虞相轧则衅起；希合贵意，虽无嫌而谤生。"在刘禹锡看来，政敌的险恶、狡诈，世态的混浊、偷薄，乃是他们受谤被贬的一个要因。当然，他也意识到自我不足："受性颛蒙，涉道未至，末学见浅，少年气粗。"[1]虽然总以为"尽诚可以绝嫌猜，徇公可以弭谗诉"，可结果还是吃了不肯"防微""用晦"的亏，被推挤而至危地。柳宗元同样清楚地意

---

① 刘禹锡《上杜司徒书》，瞿蜕园《刘禹锡集笺证》卷十，上海古籍出版社1989年版，第237页。

识到这一点，他多次这样说道："年少气锐，不识几微，不知当否，但欲一心直遂，果陷刑法"（《寄许京兆孟容书》），"性又倨野，不能摧折，以故名益恶，势益险"（《与裴埙书》）。在这里，贬谪诗人以深入骨髓的人生体验，真正领悟到了政治斗争的险恶、政治关系的复杂，也真正意识到了自己在此复杂关系和险恶斗争中，确实显得太幼稚了。

然而，这绝非他们被贬的主因，通过思考，柳、刘深刻意识到：君主专制制度对人才的戕害，才是导致自身悲剧命运的本源。在《华佗论》中，刘禹锡开篇即云："史称华佗以特能厌事为曹公所怒。荀文若请曰：'佗术实工，人命系焉，宜议能以宥。'曹公曰：'忧天下无此鼠辈邪！'遂考竟佗。……嗟乎！以操之明略见机，然犹轻杀材能如是；文若之智力地望，以的然之理攻之，然犹不能返其恚。执柄者之恚，真可畏诸！亦可慎诸！"这是在论历史，又何尝不是在论现实？在现实政治中，深隐着历史事件的反影；在史实的论述中，饱含着作者伤时感事的一腔激愤。固然，这里对华佗的痛惜似与作者对王叔文被杀一事之哀痛有直接关联，但其主要目的并不只是表现哀痛，而是在于用革新派众多高才之士被贬被杀的血的教训，来揭露统治者的残暴。正因为如此，所以下面才能说出这样的话来："吾观自曹魏以来，执死生之柄者，用一恚而杀材能众矣！又乌用书佗之事为？呜呼！前事之不忘，期有劝且惩也。"① 这真是一针见血之言！既云"自曹魏以来"，自然包括唐之永贞、元和时期；"执死生之柄者"，无疑兼指唐宪宗等专制君主；"用一恚而杀材能众矣"，理应偏重于二王八司马之被贬被戮一事。考之史实，二王八司马被贬之后，第二年亦即元和元年赐王叔文死；同年，凌准死于连州；此后，王伾、韦执谊、吕温亦相继死于贬所。表面看来，这里只有王叔文是被朝廷明文赐死的，但从实质看，其他诸人之死何尝不是专制政治严酷迫害的结果？由此联及柳、刘等的万死投荒，不也是一种广义的"用一恚而杀材能"的现象么？

刘禹锡的上述认识，并不是孤立的，这在下文将要述及；这里需重点指出的是，通过深入的思考，贬谪诗人已明确意识到，自己的政治悲剧直接与政敌的险恶狡诈，特别是专制君主的严酷少恩有关，自己的问题则主要是过于简单、轻率了一些而已，并不是所坚持的信念、理想出了差错；既然信念、理想不错，那么就应继续坚持它，纵令险象环生、浮谤如川、摧残

---

① 刘禹锡《华佗论》，瞿蜕园《刘禹锡集笺证》卷五，上海古籍出版社1989年版，第133页。

益酷、苦闷日重，也决不改变。所以刘禹锡一再声言："昔贤多使气，忧国不谋身。目览千载事，心交上古人"[1]；"既赋形而终用，一蒙垢焉何耻？感利纯之有时兮，寄雄心于瞠视！"[2] 在《咏史》中，诗人更借咏任少卿不肯变节随俗事，明确表白志向："世道剧颓波，我心如砥柱。"与刘相比，柳宗元对志节的表述尤为透彻：

> 图始而虑末兮，非大夫之操；陷瑕委厄兮，固衰世之道。知不可而愈进兮，誓不偷以自好。陈诚以定命兮，侔贞臣与为友。（《吊苌弘文》）
>
> 苟守先圣之道，由大中以出，虽万受摈弃，不更乎其内。大都类往时京城西与丈人言者，愚不能改。（《答周君巢饵药久寿书》）

这是何等坚定的志节！又是何等执着的意念！在极度困顿的境遇中，仍固守昔日之本心和理想，而不肯降心辱志、改弦易辙，正充分展示了贬谪诗人纯正精一的精神境界。无疑，志

---

[1] 刘禹锡《学阮公体三首》其三，《刘禹锡集笺证》卷二一，第554页。

[2] 刘禹锡《砥石赋》，《刘禹锡集笺证》卷一，第8页。

节的坚定、意念的执着源于他们在深刻反思中对固有信念的再度确认，源于他们对自身公忠正直却惨遭贬谪之遭际的深深不平，源于他们对无耻小人、政治仇敌乃至专制君主的无比愤怨，而从本质上说，却源于他们诗人的真诚。这是一种杜绝了市侩庸人之鄙俗习气的真诚，也是一种充溢着至大至刚之气时时自我警戒自我提升的真诚。正是这种真诚，使他们真正体会到做人的要求和责任，认识到自我的价值和人格的尊严，从而既赋予他们置身忧患而能砥柱中流、"虽万受摈弃，不更乎其内"的信心和勇气，也赋予他们以基于复仇心理的对政敌决不饶恕、勇猛反击的力量。

二、对政敌的大胆抨击

于是，揭露现实，抨击政敌，顽强抗争，志在复仇，便自然构成了柳、刘执着意识的第二大特色。

柳、刘对现实政治的态度具有两面性。一方面，他们身受现实政治的严酷打击，不能不对它抱有一种本能的反感，所以，贬谪之初，他们的作品中充溢着对现实社会和专制政治的强烈

愤懑和指斥；另一方面，随着谪居时间的延长，随着元和时代
军事、政治、文化上所取得成就的逐渐展现，柳、刘的态度也
有所转变，对现实政治作了一定的肯定。然而，由于他们始终
是为社会所抛弃、所压抑的一批政治罪人，他们始终得不到正
常的做人权利和生命基本需求的满足，因而便决定了他们对现
实政治的肯定是有限度的。在他们的骨子里，始终潜隐着对整
个社会的巨大不满，对昔日政敌的无比仇恨，对专制君主的浓
厚积怨。

在诗文中，柳宗元一再明言："陷瑕委厄兮，固衰世之道"
(《吊苌弘文》)，"苟偷世之谓何兮，言余心之不臧！"(《吊乐
毅文》"衰世""偷世"，乃是贬谪诗人基于自身悲惨遭际的对
现实社会的本质认识。固然，柳宗元也曾说过这样的话："理
世固轻士，弃捐湘之湄。"(《零陵赠李卿元侍御简吴武陵》)
但这种明显的正话反说，岂不更深刻地揭露了现实社会之绝非
"理世"的真相？在《斩曲几文》中，他径将现实社会比作"欹
形诡状，曲程诈力，制类奇邪，用绝绳墨"的"末代淫巧"之
世，予以深刻的讽刺和批判；在《天论》上篇中，刘禹锡更明
确指出："法大弛，则是非易位，赏恒在佞而罚恒在直。"这几
句话，不啻是对现实社会之赏罚不明、是非易位、贤不肖倒置

以及扼杀人才现象的真实写照。

与对现实社会的揭露相同步，柳、刘还给予昔日政敌以极猛烈的抨击。在《骂尸虫文》《宥蝮蛇文》中，柳宗元以蛇、虫比政敌，嬉笑怒骂，痛快淋漓之至；在《聚蚊谣》《百舌吟》《飞鸢操》《秋萤引》等诗中，刘禹锡借此喻彼，讽托遥深，令人真切地感触到了那帮有如百舌、飞鸢、毒蚊的党人群小的可憎嘴脸，以及诗人对他们的满腔义愤；同时，这些诗中多次出现的"清商一来秋日晓，羞尔微形饲丹鸟""南方朱鸟一朝见，索寞无言高下飞"等诗句，更令人从诗人对政敌那极度的轻蔑和嘲笑中，深深领略到诗人置身逆境而充满自信的坚定意志和崇高情怀。

对政敌的指斥，已充分展现了柳、刘执着意识的顽强，而对专制君主的批判，更赋予此执着意识以前所未有的光彩。前述刘禹锡《华佗论》借古论今，鞭辟入里，锋芒所向，振聋发聩。与此相关，他的《武陵书怀五十韵》则从另一角度曲折地表现了他对"执死生之柄者，用一恚而杀材能"的激愤。关于此诗的创作目的，诗前小序说得清楚："自述其出处之所以然，故用书怀为目云。"可是，在短短百余字的序言中，诗人竟大段引用常林《义陵记》的记载，交代义帝为项籍所杀一事；而且在诗的开篇，诗人即沉痛陈辞："俗尚东皇祀，谣传义帝冤。桃花迷隐迹，楝叶慰忠魂。……湘灵悲鼓瑟，泉客泣酬恩。"在诗的中幅，诗人不惜笔墨，大段铺张渲染顺宗当政之经过及气象；到了诗的末尾，诗情再次转向沉痛的悲悼："三秀悲中散，二毛伤虎贲。……南登无灞岸，旦夕上高原。"那么，一篇以叙述自己"出处之所以然"为主的诗作竟如此不厌其烦地写义帝被杀、写顺宗即位、写沉痛悲悼，其意若非另有所属，又该作何解释？此诗作于元和元年刘在朗州贬所时，而正好在这一年的正月甲申，顺宗不明不白地死去。关于顺宗的死因，论者多认为是被宪宗和宦官所杀[①]，由此反观诗和序中所谓"谣传义帝冤""今吾王何罪乃见杀"数语，则其意旨盖已朗然。吴汝煜先生指出此诗"就为悼念顺宗而作"[②]，可谓有见。设若此一推论能成立，那么，不难发现，刘禹锡对顺宗无罪被杀一事的揭露，本即是对包括宪宗在内的党人集团的鞭挞，而在他"湘灵悲鼓瑟，泉客泣酬恩"的痛悼中，亦正深寓着一腔无所底止的怨愤与追怀。

---

① 参见陈寅恪《唐代政治史述论稿》、章士钊《柳文指要》上《体要之部》卷三一、卞孝萱《刘禹锡年谱》附注之相关论述。

② 吴汝煜著：《刘禹锡传论》，陕西人民出版社1988年版，第68页。

如果说，这种怨愤在刘禹锡这里虽然激切，但表现尚欠明确，那么，到了柳宗元的《咏三良》中，便喷薄而出并继之以愤怒的声讨了。关于此诗的具体分析，笔者有另文专论，这里需着重指出的是，该诗确是有为而发针对性极强的咏史抒怀之作，其中对三良的痛惜，便是对王叔文等革新志士的沉痛哀悼；对秦穆公的开脱，即是对唐顺宗的回护；而诗篇最后那"从邪陷厥父，吾欲讨彼狂"的愤怒高喊，正是对违背父志残酷打击革新派之唐宪宗的直接声讨。只有这样理解，我们才能真正探察到贬谪诗人基于自身遭际而郁怒不平的本然用心，才能得出符合历史实际的结论。

在上述这些或指斥君主，或抨击政敌，或揭露现实的诗文中，涌动着一股发自内心深处不可阻遏的批判力量，而这种力量的来源，首先在于横亘在贬谪诗人意识深层的一种复仇意念，一种不肯服输、失败了爬起来还要抗争的顽强意志。

联系到元和时代其他贬谪诗人的心理意向，不难看到，这种不肯屈服志在复仇的意念是广泛存在的。元稹谪居通州，倍感不平，明确声言："除非入海无由住，纵使逢滩永拟休。会向伍员潮上见，气充顽石报心仇。"（《相忆泪》）吕温是王叔文政治集团的重要成员，与柳、刘关系甚笃。他于元和三年始被贬道州刺史，五年夏移赴衡州，六年八月即病死贬所。按理，吕被贬在柳、刘之后，谪居时间亦不算长，所受政治压力相对轻一些，其悲怨愤懑似应少一些，可事实却是，他不仅发出"壮心感此孤剑鸣，沉火在灰殊未灭"（《道州月》）的悲壮之音，而且还借读史抒发了一怀强烈的复仇欲望："丈夫可杀不可羞，如何送我海西头？更生更聚终须报，二十年间死即休！"（《读勾践传》）这里，无论是"更生更聚"的悲凉沉重，还是"气充顽石"的激切孤直，都反映了贬谪诗人源于人性深处那坚强的生命意志，也正是这种意志，使得吕、元乃至柳、刘一再表现出与政敌势不两立必欲雪冤复仇的悲壮情怀。

在柳、刘的诗文集中，有几篇作品颇堪注意。首先是柳的《谪龙说》，记述一奇女自天坠地，为群贵游少年所狎。奇女怒曰："帝以吾心侈大，怒而谪来，七日当复。今吾虽辱尘土中，非若俪也。吾复且害若！"在这里，谪龙象喻贬谪诗人的用意是显而易见的，"吾复且害若"则无异于诗人复仇意念的直接表露。柳集韩注谓：此篇"当在贬谪后作，盖有激而然者也"[1]，甚确。其次是刘禹锡的《读张曲江集并引》。此作与柳文稍有不同，重在对张九龄"建言放臣不宜与善地，多徙五溪不毛之

---

[1] 《柳宗元集》卷一六，中华书局 1979 年版，第 464 页。

乡"的做法表示愤慨和非难。这种非难是否合理可暂置勿论，所需注意者乃此非难中深寓一种复仇心理，而此种心理又是指向现实政治的。潘德舆有言："盖梦得身为逐臣，心嗛时宰，故以曲江为词，实借昔刺今也。"①可谓有见。

我们知道，攻击性是人的一种本能，而遭到目的抑制的本能常常产生强烈的对象性发泄和持久的内驱力，从而使人原本即有的攻击性愈为强化。就柳、刘而言，他们作为被社会抛弃者，人格受到凌辱，自由受到扼制，不能不对现实社会具有一种饱含复仇心理的攻击性行为；又由于这种攻击总是受到抑制和阻碍——迫于恐怖的形势而不能直言，只能借咏史、寓言等较隐晦的方式加以表现，很难获得目的达到后的真正满足，因而，没有解除的刺激便不断提供能量以长期保持其对象性发泄作用，并导致其复仇心理一有时机便展露出来。元和十年，宰相武元衡为盗所杀，而武与柳、刘在永贞元年即颇有矛盾，柳、刘被贬，武与有力焉；柳、刘元和十年由贬所召回，"上与武元衡亦恶之"②，遂致二人再度外迁。在这种情况下，柳、刘

---

① 潘德舆《养一斋诗话》卷一，《清诗话续编》（下），上海古籍出版社1983年版，第2017页。

② 《资治通鉴》卷二三九，宪宗元和十年条，中华书局1956年版，第7708页。

对武便不能不怀有深怨，而当听到武被杀的消息后，其对象性发泄便很容易借文学创作表现出来。刘的《代靖安佳人怨二首》、柳的《古东门行》，就都是写武元衡被盗杀一事的。宋人指出："梦得为司马时，朝廷欲澡濯补郡，而元衡执政，乃格不行。梦得作诗伤之而托于靖安佳人，其伤之也，乃所以快之与？"[①]"禹锡为《靖安佳人怨》以悼元衡之死，其实盖快之。子厚《古东门行》……虽不著所以，当亦与禹锡同意。"[②]从诗的内容和柳、刘与武的关系看，这些说法大致不差。

固然，武元衡之死实乃为国殉身，柳、刘作诗"快之"，无疑反映了他们心地狭小的一面，但就个人的复仇情怀论，则其做法亦不无合理性。换言之，这是一种饱含巨创深痛的个体生命意志的逻辑表现，如果联系到刘禹锡那两首人所熟知的游玄都观的诗作，事情就愈发清楚了。明人瞿佑谓其"种桃道士归何处？前度刘郎今又来"二语，"讥刺并及君上矣"[③]。事实上，刘禹锡在此表现的，仍然是一种基于个体生命意志

① 葛立方《韵语阳秋》卷三，何文焕辑：《历代诗话》，中华书局1981年版，第506—507页。
② 蔡启《蔡宽夫诗话》，郭绍虞辑：《宋诗话辑佚》卷下，中华书局1980年版，第397页。
③ [明]瞿佑撰：《归田诗话》卷上，丁福保著：《历代诗话续编》，中华书局1983年版，第1246页。

的复仇情怀。正是在这复仇情怀中，深深包蕴着贬谪诗人坚持自我、决不屈服的执着意识，闪现着他们与忧患顽强抗争的刚毅精神。

三、著书立说以弘扬理想

柳宗元、刘禹锡执着意识的第三个特点，便是发愤著述，自强不息，借文章宣扬张大自己在现实中夭折了的政治理想。

在长期的谪居生涯中，柳、刘虽曾极度苦闷过、消沉过，但却没有走上颓废一途。他们怀着对理想矢志不移的信念，利用天赐的大块闲暇，"上下观古今，起伏千万途"（柳《读书》），博览群籍，发愤著述，从而既使他们自身得到了极大的充实，也使他们对曾追求过的理想有了更深邃的体悟。这里需强调指出的是，柳、刘的著述活动，是在极度坎坷、压力重重的环境和心境中进行的，这本身即体现了对理想的顽强执着，用美学家的话说，这乃是"一种不能安于守旧而要追求创新的本性，一种不能安于停顿而追求上进的本性，一种不能安于平庸单调而要追求变化和多样性的本性，一种不能安于失败而是失败了还要再来的本性。这种本性是生命力的升华，是由历史的积淀充实了的心理的东西深沉到生理的水平"①。

是的，中国古代文人所受苦难是深重的，正是苦难，使他们磨炼了意志，砥砺了节行，更产生了著述的强大动力，诚如司马迁所谓："此人皆意有所郁结，不得通其道也，故述往事，思来者。"在很大程度上，并不是现实事功使他们扬名后世，而是煌煌论著将他们的信念、理想和名字一起彪炳史册，历久弥新。刘禹锡自叙道："及谪沅、湘间，为江山风物之所荡，往往指事成歌诗，或读书有所感，辄立评议。穷愁著书，古儒者之大同。"（《刘氏集略说》）柳宗元也深深懂得这一点，一再申言："贤者不得志于今，必取贵于后，古之著书者皆是也。宗元近欲务此。"（《寄许京兆孟容书》）"常欲立言垂文，则恐而不敢。今动作悖谬，以为谬于世，身编夷人，名列囚籍。以道之穷也，而施乎事者无日，故乃挽引，强为小书，以志乎中之所得焉。"（《与吕道州温论〈非国语〉书》）这里，"不得志于今""施乎事者无日"，乃是柳宗元转而为文的关键。从本质上说，他是一个政治家，他的最高愿望是在现实政治中推行自己的理想，给予国计民生以实际的、直接的助益，只是当政

---

① 高尔泰：《美是自由的象征》，人民文学出版社 1986 年版，第 77 页。

治家做不成、理想在现实中夭折之际，他才由"立德""立功"的追求转而走"立言"的道路。然而，即使此时，他也不愿做一个纯粹的文学家，在他心灵深处骚动的，仍然是如何通过理论著述使理想传播于世的意念。正是这一点，我们才能更深刻地理解他下面这样一些话语："仆之为文久矣，然心少之，不务也，以为是特博弈之雄耳。故在长安时，不以是取名誉，意欲施之事实，以辅时及物为道。自为罪人，舍恐惧则闲无事，故聊复为之。然而辅时及物之道，不可陈于今，则宜垂于后。"（《答吴武陵论〈非国语〉书》）"念终泯没蛮夷，不闻于时，独（一作"犹"）不为也；苟一明大道，施于人世，死无所憾。用是自决。"（《贞符·序》）可见，柳宗元的著书立说乃是与其政治理想紧密联系在一起的。理想在现实中的破灭构成他著书立说的深层动因，而著书立说的目的则重在将"辅时及物之道"施于人世，垂之于后，为此目的，他不惜以身殉志。这是精神生命的延续，是理想得以弘扬的一种独特方式，正是在对此弘扬和延续的追求中，我们再次看到了闪耀在柳、刘身上那坚韧不拔的执着意念。

综观柳、刘谪居期间的理论著述，较为重要的有《贞符》《非国语》《封建论》《时令论》《断刑论》《褅说》《天说》

《天对》（柳），《天论》上、中、下三篇，《辨〈易〉九六论》《辨迹论》《明贽论》《华佗论》（刘）等。这些文章论著，既有对天人关系的深刻思考，也有对传统典籍的辨析批判；既有对社会政治的敏锐见解，也有对历史发展的详尽考察，从而展现了多方面的理论成就。然而，所有这些论著虽角度不同、内容各异，但有一点却是完全一致的，那就是都以作者倡导的"大中之道"和"生人之意"为轴心，具有明确的现实指向性和强烈的政治批判性。

限于篇幅，上述论著很难在此展开分析，唯需说明的是，尽管柳、刘此一时期的很多文章都具有"有激而云"（刘《天论·上》）的特点，但他们并没有达到让感情取代理智的程度，也就是说，他们更注重学术研究的严肃性、深刻性，而不只是借此来抒泄一己之愤懑。在《与刘禹锡论〈周易〉九六书》中，柳宗元这样说道："君子之学，将有以异也，必先究穷其书，究穷而不得焉，乃可以立而正也。"在《与友人论为文书》中，他进一步指出："为文之士，亦多渔猎前作，戕贼文史，抉其意，抽其华，置齿牙间，遇事蜂起，金声玉耀，诳聋瞽之人，微一时之声。虽终沦弃，而其夺朱乱雅，为害已甚。"在《与吕恭论墓中石书书》中，他特别强调："立大中者不尚异，教人者欲其诚。是故恶夫饰且伪也。"综合这几种说法，可见柳宗元对学术研究的观点是：既要有新的见解，又要有细致入微的探索，而不能渔猎前作，故作奇异，哗众取宠，贻害后人。一句话，只有慎思之、明辨之，实事求是而又卓有创见，才能做出真学问、大学问，才能使政治理想得到弘扬。正因为有此思想作主导，所以柳宗元的大部分文章论著都具有卓实惊警的理论深度和高度，而源于贬谪遭际的忧愤情感的自然贯注，更赋予其论著以强烈的现实针对性和艺术穿透力，从而无论主观上还是客观上都为其理论的久远流传打下了坚实的基础。

以上，我们从三个方面论述了柳宗元、刘禹锡的执着意识。在这三个方面中，不管是对固有信念的坚定持守，还是对政敌的大胆抨击，抑或是借著书立说来弘扬理想，都贯穿了一条身处逆境而不屈不挠的基线，都体现了人性深处的生命意志、复仇欲念和进取精神，都体现了他们历经困苦磨难而愈益顽强的执着情怀。因而，我们有理由认为：在唐代贬谪诗人中，柳宗元、刘禹锡堪为执着意识的典型代表。

佛学影响与儒者情怀
——柳宗元、刘禹锡贬后心态侧窥

作为中唐时期著名的文学家、思想家，柳宗元、刘禹锡对现实政治和自我理想都有着强烈的执着意念；二人被贬之后，又都曾潜心佛典，与僧徒有过密切交往，具有不同程度的超越情怀。考察执着与超越两种意识在其心理深层的矛盾、冲突与融会、调和，以及对其处世态度的影响，当是文学研究、文化研究的题中应有之义。

从柳、刘交往的僧徒看，约有浩初、元暠、琛上人、文郁、诚禅师、会禅师、君素、慧则、广宣、鸿举、方及、彻公等人；从二人为僧人佛事作的碑、铭、记、赞看，柳主要有《曹溪第六祖赐谥大鉴禅师碑》《南岳弥陀和尚碑》《龙安海禅师碑》

《岳州圣安寺无姓和尚碑》等，刘主要有《曹溪第六祖大鉴禅师第二碑》《佛衣铭》《唐故衡岳大师湘潭唐兴寺俨公碑》《牛头山第一祖融大师新塔记》《毗卢遮那佛华藏世界图赞》等。苏轼有言："柳子厚南迁，始究佛法，作《曹溪》《南岳》诸碑，妙绝古今。"[1] 说子厚南迁始究佛法，与事实小有不符，因为宗元曾自述"吾自幼好佛，求其道积三十年"（《送巽上人赴中丞叔父召序》），这话是元和六、七年间（811—812）说的；前推三十年，当为唐德宗建中二、三年（781—782），其时柳宗元还是十岁左右的少年，说明其接触佛法时间甚早；但谓子厚南迁后始精于佛理，则大致不差，用柳宗元自己的话说，就是"世之言者罕能通其说，于零陵吾独有得焉"（同上）。

佛教是一出世间的学问，它的根本目的在于脱离现实生活规范、摆脱人生痛苦而求得身心的全面解脱。佛经认为：人们对自身和主观认识作用的执着叫"我执"，对外界事物和道理的执着叫"法执"；这二者都是偏见。尤其是"我执"，它将人执着为实在的我体，热衷于自他彼此的差别，产生和增长贪欲、嗔恚、愚痴，形成各种烦恼，进而造种种业。有业就有生死轮回，所以"我执"是万恶之本、痛苦之源，必须全力破除。

[1] 苏轼《书柳子厚大鉴禅师碑后》，《东坡全集》卷九三，四库全书本。

由是产生原始佛教的三大命题："诸行无常""诸法无我""涅槃寂静"。在修习的方法上，只有破二执、断二障（烦恼障和所知障）、去三毒（贪、嗔、痴）、立三学（戒、定、慧），才能达到远离烦恼、断绝相累、寂然常住、永离苦海的涅槃之境。与这种理论相比，柳宗元、刘禹锡对现实政治和自我的执着意识显然是极不谐合的；不过，由于柳、刘二人与佛教徒密切交往，又潜心于佛典之中，耳濡目染，潜移默化，因而又不能不受到相当大的影响，并对其执着意识产生一种明显的弱化、消解作用。

一、宗教救济及其消解因素

柳宗元、刘禹锡之接近佛教，一个重要的原因便是希望借此出世间法减轻精神苦闷，摆脱沉重忧患，以获取自我心理的内在平衡。刘禹锡说得清楚：

> 予策名二十年，百虑而无一得。然后知世所谓道无非畏途，唯出世间法可尽心耳。由是在席砚者多旁行四句之书，

备将迎者皆赤髭白足之侣。深入智地，静通道源，客尘观尽，妙气来宅。内视胸中，犹煎炼然。（《送僧元暠南游并引》）①

追求"尽心"，在于深刻认识到混浊的人世"无非畏途"，唯其有此认识，又身经巨大的生命沉沦、忧患磨难，所以思维的触角必定转向对人生、命运和生命意义的终极关怀，生存方式也就必定要与摆脱现实烦恼的宗教救济相接近。

柳宗元、刘禹锡接近佛教的另一个原因，则是为了维护自我品格，以抗衡浊世颓风。柳宗元屡次申言：

佛之道，大而多容，凡有志乎物外而耻制于世者，则思入焉。（《送玄举归幽泉寺序》）

吾思当世以文儒取名声、为显官、入朝受憎媢讪黜摧伏、不得守其土者，十恒八九。若师者，其可讪而黜耶？用是不复讯其行，返退而自讥。（《送文郁师序》）

凡为其道者，不爱官，不争能，乐山水而嗜闲安者为多。吾病世之逐逐然唯印组为务以相轧也，则舍是其焉从？吾之好与浮图游以此。（《送僧浩初序》）

---

① 瞿蜕园笺证《刘禹锡集笺证》卷二九，上海古籍出版社1989年版，第949—950页。

是的，官场倾轧，争名夺利，置身其中，不为其浊风所染，即为其权势所摧，很难保持自我人格的完整。相比之下，佛教徒"不爱官，不争能，乐山水而嗜闲安"，其品格、其境界，都要远远高出世间那些尔虞我诈、丧失廉耻之徒。由是自然导致身处逆境而洁身自好的贬谪诗人步入佛教一途，以此维护并显示他们愤世嫉俗、狷介不群的品质格调。

由于自觉地与佛教徒接近，研读佛书，追求一种淡然自足、忘却悲欢的境界，因而，在长期的谪居生涯中，柳、刘于一定时期一定程度上确实获得了一种内心的平衡和精神的愉悦。柳宗元诗云："汲井漱寒齿，清心拂尘服。闲持贝叶书，步出东斋读。……道人庭宇静，苔色连深竹。日出雾露余，青松如膏沐。淡然离言说，悟悦心自足。"（《晨诣超师院读禅经》）"拘情病忧郁，旷志寄高爽。……潜躯委缰锁，高步谢尘鞅。蓄志徒为劳，追踪将焉伤？……昔人叹违志，出处今已两。何用期所归？浮图有遗像。"（《法华寺石门精室三十韵》）刘禹锡诗云："看画长廊遍，寻僧一径幽。小池兼鹤净，古木带蝉秋。客至茶烟起，禽归讲席收。浮杯明日去，相望水悠悠。"（《秋日过鸿举法师寺院便送归江陵》）"静见玄关启，歆然初心会。凤尚一何微？今得信可大。觉路明证入，便门通忏悔。悟理言自忘,处屯道犹泰。色身岂吾宝?慧性非形碍。"(《谒枉山会禅师》)这些诗篇的格调是平直的,意绪是闲雅的,在一种静谧空灵、远离凡嚣的境界中,贬谪诗人暂时忘怀了世事,忘怀了苦难,达到了精神上的淡泊宁静。

在佛教影响下而导致的这种淡泊宁静,对诗人个体来说,确实有助于心灵创伤的平复,有助于精神苦闷的减弱,但对诗人坚持的信念、理想和抗争态度来说,则无疑发挥了相当大的弱化作用,使他们在对人生世事的透彻领悟中,在对佛教义理、境界的向往追求中,生出一种不无消极意义的避世倾向。联系到柳、刘之对内方外圆性格的推崇,以及柳宗元于元和十年抵达柳州后日趋消沉的情形,似乎皆与此弱化作用有一定关联。因而,我们从整体上将佛教的影响视作柳、刘执着意识的消解因素。

二、义理探寻与心智开启

然而,柳、刘之潜心佛教还有一个多为人所忽略的原因,那就是佛经深邃的义理和博大的精神,对他们具有一种强烈的吸引力，而他们在对此义理、精神的研读领悟中，不仅丰富、深化了自己的思想认识，而且使自我在接受佛教消极影响的同时，又始终处于精进不已的理论创造之中。在《赠别君素上人》的引言中，刘禹锡明言：

> 曩予习礼之《中庸》，至不勉而中，不思而得，懔然知圣人之德，学以至于无学。然而斯言也犹示行者以室庐之奥耳，求其经术而步武未易得也。晚读佛书，见大雄念物之普，经宝山而梯之。高揭慧火，巧熔恶见，广疏便门，旁束邪径。其所证入，如舟溯川，未始念于前而日远矣。夫何勉而思之邪？是余知突奥于《中庸》，启键关于内典，会而归之，犹初心也。不知予者诮予困而后援佛，谓道有二焉。夫悟不因人，在心而已。其证也，犹喑人之享太牢，信知其味而不能形于言以闻于耳也。[①]

在《袁州萍乡县杨歧山故广禅师碑》中，刘禹锡进一步说道：

> 素王立中枢之教，懋建大中；慈氏起西方之教，习登正

---

① 《刘禹锡集笺证》卷二九，上海古籍出版社 1989 年版，第 942—944 页。

觉。至哉！乾坤定位，有圣人之道参行乎其中，亦犹水火异气，成味也同德；轮辕异象，致远也同功。然则儒以中道御群生，罕言性命，故世衰而寝息。佛以大悲救诸苦，广启因业，故劫浊而益尊。……阴助教化，总持人天，所谓生成之外，别有陶冶。[1]

这里表现的，乃是统合儒释、兼而取之的态度，而且由于儒家理论"罕言性命"，显然不如佛教"广启因业"的理论来得深刻，世事衰颓之际，也就难免儒道衰而佛道兴了。需要注意的，是这里的"阴助教化，总持人天，所谓生成之外，别有陶冶"诸语。阴助教化，说明佛教追求的是与儒家相同的伦理道德方面的"善"；总持人天，则说明佛教不仅仅涉及伦理学的内容，它还"由探寻人生的'真实'进到探寻宇宙的'真实'"，也就是说，其中"包含了思维与存在、意识与物质的关系问题。佛教所讲的'真实'与'所知'的关系问题，是思维与存在、意识与物质的关系问题的具体形态，这是世界观、认识论的根本问题"[2]。似乎正是由于此，使得佛教于生成之外，

① 《刘禹锡集笺证》卷二九，上海古籍出版社1989年版，第118页。
② 方立天：《佛教哲学》，中国人民大学出版社1987年版，第6页。

别具陶冶之功。

与刘禹锡相比，柳宗元表述得更为明确。他针对韩愈"寓书罪余，訾余与浮图游"的批评说道："浮图诚有不可斥者，往往与《易》《论语》合，诚乐之。其于性情奭然，不与孔子异道。"而且"果不信道而斥焉以夷，则将友恶来、盗跖，而贱季札、由余乎？非所谓去名求实者矣。"至于"退之所罪者，其迹也。曰：'髡而缁，无夫妇父子，不为耕农蚕桑而活乎人。'若是，虽吾亦不乐也。退之忿其外而遗其中，是知石而不知韫玉也"。（《送僧浩初序》）由此看来，柳宗元之接近佛教，绝非像世俗众人那样皈依于佛以求福寿，同时也反对韩愈所反对的佛教徒那种无夫妇父子、不事耕农蚕桑的行为，他所注重的，实乃佛教外在迹象掩蔽下的内在"韫玉"，亦即其精神义理。固然，他说佛教不与孔子异道，似有为自己"与浮图游"之行为回护的一面，但他心中也未尝不作如是想。从历史发展看，儒、释、道三教合一的趋势在宋代以后日益明朗化，柳宗元能于中唐时期即产生这种认识，实在是顺乎历史潮流的一种表现。而且就思想境界来说，也较那些拘于一家学说泥古不化者要来得阔大。我们知道，柳宗元倡言的大中之道的一个重要原则就是因事施宜，灵活变化，反映在治学态度上便必然是吸取各派精华，融会贯通。在

《送元十八山人南游序》中，柳宗元明确指出："太史公尝言：世之学孔氏者，则黜老子；学老子者，则黜孔氏，道不同不相为谋。余观老子亦孔氏之异流也，不得以相抗，又况杨、墨、申、韩、刑名纵横之说，其迭相訾毁，抵牾而不合者，可胜言耶？然皆有以佐世。"在《辩列子》中，他进一步申明对庄子的态度："要之，庄周为放依其辞，……虽不概于孔子道，然其虚泊寥阔，居乱世，远于利，祸不得逮乎身，而其心不穷，《易》之'遁世无闷'者，其近是欤？余故取焉。"这里表现的，无疑是一种积极开放的文化态度。联系到诗人所谓"经非权则泥，权非经则悖；是二者，强名也。曰'当'，斯尽之矣。'当'也者，大中之道也"（《断刑论下》）的主张，便可深一步认识柳宗元对佛教态度的渊源所自了。

当然，柳宗元、刘禹锡之喜佛学，并不是对佛学的一切都无条件地接受，而是根据自己的一贯原则来决定对佛教各宗派义理的去取态度。以柳宗元而论，他那种不墨守成规，颇具批判锋芒的自由思想显然受到了推崇自性、破除偶像的禅宗思想的影响，所以他对禅宗实际创始人慧能"以无为为有，以空洞为实，以广大不荡为归"（《曹溪第六祖赐谥大鉴禅师碑》）的学说不无肯定，但对禅学的末流，他又很不满意，持明显的批判态度："而今之言禅者，有流荡舛误，迭相师用，妄取空语，而脱略方便，颠倒真实，以陷乎己，而又陷乎人。又有能言体而不及用者，不知二者之不可斯须离也。离之外矣，是世之所大患也。"（《送琛上人南游序》）"传道益微，而言禅最病。拘则泥乎物，诞则离乎真，真离而诞益胜。故今之空愚失惑纵傲自我者，皆诬禅以乱其教，冒于嚣昏，放于淫荒。"（《龙安海禅师碑》）对于律宗，柳宗元有一定好感："其有修整观行，尊严法容，以仪范于后学者，以为持律之宗焉。"（《送濬上人归淮南觐省序》）但他最为推重的，却是当时盛行于南方一带以"中道"将空无和假有统一起来的天台宗。这不仅因为深刻谨严的天台宗更适合柳宗元严整警练的思想性格，而且因为该宗派具有丰富缜密的哲学意蕴，更多浓郁的学术气息。所谓"佛道逾远，异端竞起，唯天台大师为得其说"（《岳州圣安寺无姓和尚碑》），正表明了柳宗元对天台宗的偏爱态度。孙昌武先生指出：

> 柳宗元讲"大中之道"，更深受天台宗影响。天台宗前驱北齐慧文说："诸法无非因缘所生，而此因缘，有不定有，空不定空，空有不二，名为中道。"（《佛祖统纪》卷六）

这就是调和"空无"与"假有"的中道观念。……柳宗元把天台宗这种哲学与儒家中庸思想调和起来，一方面，在其释教碑中，一再赞扬所谓"中道""大中"，另一方面，又认为"立大中，去大惑"，是圣人之道的根本。所以章士钊先生说："大中者，为子厚说教之关目语，儒释相通，斯为奥秘。"①

显而易见，柳宗元的"大中之道"与佛教天台宗的"中道"思想是有关联的，而这种关联说到底又是柳宗元将佛教典籍作为一种深刻的学问来细心研读并与自我思想的现实品格相结合的产物。在他看来，学习佛理，必须杜绝耳食之言，从原始佛教的义理真谛入手："佛之言，吾不可得而闻之矣，其存于世者，独遗其书，不于其书而求之，则无以得其言；言且不可得，况其意乎？"（《送巽上人赴中丞叔父召序》）"言之著者为经，翼而成之者为论，其流而来者，百不能一焉，然而其道则备矣。法之至莫尚乎'般若'，经之大莫极乎'涅槃'。世之上士，将欲由是以入者，非取乎经论则悖矣。"（《送琛上人南游序》）由于抱着一种探源溯流、辨伪取真的严谨态度，所以对佛教各

① 孙昌武：《唐代文学与佛教》，陕西人民出版社1985年版，第63页。

宗派之利弊皆能洞悉于心；由于自己有志于解决社会实际问题，既不拘泥于传统思想而大胆创新，从宜救乱；又不丢弃基本的原则和持身立世的标准，始终有一个理想目标，所以能对天台宗极富辩证色彩并与儒学之经世思想相通的"中道"观心领神会，与之一拍即合。所谓"儒以礼立仁义，无之则坏；佛以律持定慧，去之则丧。是故离礼于仁义者，不可与言儒；异律于定慧者，不可与言佛"（《南岳大明寺律和尚碑》），深刻表明了柳宗元于变中求不变、在超越中寓执着的治学态度和思想倾向。

换一个角度看或许更能发现佛教哲学对柳宗元、刘禹锡的积极影响。日本学者本田济认为：

柳宗元的被看作是唯物论、无神论的思想，其实是老庄和佛教培植起来的。他所信仰的佛教，看起来是南宗禅，正是禅宗与庄子一样否定偶像崇拜、否认人格神这一点，非常近似于无神论的泛神论。如果作为泛神论者来看待，那么，《天说》所表现的否定人格神的思想和《西山宴游记》等作品中所表现的肯定造物者的思想之间，也就可以毫无矛盾地被人们所接受了解。[①]

　　本田济的原著《供学习中国哲学参考》一书，笔者未能见到，仅从被引用的这段话来看，无疑具有一定的启示意义。固然，柳宗元对禅宗特别是南宗禅不无如前所述的种种非议，但那只是对其末流所作的批评。从柳宗元生活的时代和地区看，南宗禅已广泛流播，发展势头甚猛，这一宗派内涵的怀疑精神，似乎对柳宗元不无影响，也一定程度地强化了他本已具有的自由批判意识。进一步说，不独南宗禅，即以宗元偏爱的天台宗论，也呈现出明显的打破束缚、肯定自我的倾向。从慧文的"一心三观"到智𫖮的"三谛圆融""一念三千"，自体的作用、心的作用愈来愈得到强调，而到了与柳宗元同时稍前的湛然（711—782）手里，上述思想更得到了大幅度深化。《金刚錍》有言："万法是真如，由不变故。真如是万法，由随缘故。"这里，真如（本体、本性、佛性）和万法（世间一切事物）相融相汇，亦此亦彼，人无须去崇拜外在的偶像，无须更有依待，佛性即遍布于一切事物之中，有情众生和无情之物都

---

① ［日］户崎哲彦《当代日本的柳宗元研究》引，载1984年《唐代文学研究年鉴》，陕西人民出版社1985年版。

不在佛性之外。这样一种思想，无疑具有相当的实在性和觉悟性，反映在对世界、宇宙的认识上，不仅有力地破除了人对天、神等的敬畏观念，而且直接启迪了人考察、认识自然的勇气和智慧，从而逐渐摆脱神秘主义和蒙昧主义的控束而向事物的真实接近。

禅宗、天台宗这种极富实在性和觉悟性的思想，对柳宗元乃至刘禹锡观察、思考问题的方法势必发生重大影响，加之柳、刘又具有穷究学问、慎思明辨的特点，而自先秦诸子以还的理性主义思潮诸如"天行有常，不为尧存，不为桀亡"[①]的观点也渗透于他们的意识之中，因而，在横的和纵的多方面因素的影响下，柳、刘根据其大中之道"当"的原则，本着"不穷异以为神，不引天以为高，利于人，备于事"（《时令论上》）的目的，而对天神怪异之事予以大胆的揭露和批判，当是不难理解的。说到底，这种破除神秘、坚持理性的做法，与佛学否定偶像崇拜、否定人格神的思想倾向是一致的，是贬谪诗人由忧患磨难而反思人生，在一定程度上摆脱社会政治和正统思想控束、深研学术、统合儒释、高扬个性、勇于创新的产物。这本身就体现了一种执着精神。如果不是这样，那么他们完全

---

① 《荀子·天论》，王先谦《荀子集解》，诸子集成本，上海书店1986年版，第205页。

可以像世间的善男信女们那样虔诚地拜倒在佛的脚下，去祈求现世的福利，也完全可以像众多失意文人那样，在困顿坎坷中将全副身心投入佛教倡导的清净无为之境，逍遥于青山绿水之间，为什么还要孜孜不倦地去攻读佛典、辨析义理、探寻宇宙的真实呢？

同时也应看到，佛教给予柳、刘的积极影响，不仅表现在对他们认识世界之心智的开启上，而且表现在对其人生态度和精神境界的潜移默化上。尼赫鲁说："涅槃是一种积极的状态，……假使……仅止是一种厌世或否定人生的原则，它就会使信仰它的几亿民众多少要受到这种影响。然而，……佛教国家都是充满着相反的证据，而中国人就是最肯定人生的突出的榜样。"[①]事实上，在倡言出世、解脱甚至否定人生的佛教中，又确实存在着一种肯定人生的客观倾向，融贯着一种努力向上、执着追求理想的精神，所谓"勇猛精进，志愿无倦"[②]"精谓精纯无恶杂故，进谓升进不懈退故"[③]，便正是这样一种为了最高理想亦即涅槃之境而纯心一致、精进不已的精神体现。它

① 《印度的发现》，转引自岑仲勉《隋唐史》上册，中华书局1982年版，第166页。
② 《无量寿经义疏》下卷，《大正新修大藏经》37册《经疏部》五。
③ 《观弥勒上生兜率天经赞》卷下，《大正新修大藏经》38册《经疏部》六。

曾使得多少高僧“心行禅，身持律，起居动息，皆有常节。虽沍寒隆暑，风雨黑夜，捧一炉，秉一烛，行道礼佛者四十五年，凡十二时，未尝阙一”[①]。如果没有顽强的意志、坚定的决心，要想达到此一境界，谈何容易！考察柳宗元、刘禹锡所为碑铭之碑主及相与往还者，或是“劳勤专默，终揖于深；抱其信器，行海之阴”（《曹溪第六祖赐谥大鉴禅师碑》），或是“食土泥，茹草木”“南极海裔，北自幽都，来求厥道”（《南岳弥陀和尚碑》），或是“衣粗而食菲，病心而墨貌”“行求仁者，以冀终其心”（《送元暠师序》），大都是具有顽强毅力和明确追求目标的高僧。这样一些高僧在言论或行动上给予柳、刘以有益的影响，当是情理之中事。尽管贬谪诗人与僧人的追求目标不尽相同，但在理想追求的执着性这一层面上，却是大体一致的。因而，在考察柳、刘的执着意识时，我们完全应该将此不次要的因素一并考虑在内。

① 白居易《唐江州兴果寺律大德凑公塔碣铭并序》，《白居易文集校注》卷四，中华书局2011年版，第203页。

三、兼取佛学的儒门中人

诚然，作为一种出世间的学问，佛教给予贬谪诗人的消极影响并不能被其积极因素抵消掉，在相当程度上，它仍然构成柳、刘执着意识的消解环节，使他们在对苦难人生的超脱中逐渐弱化对固有信念的持守。但这只是暂时的，在更多的情况下，柳、刘则是抱着一颗不甘屈服、执着追求的拳拳之心，奋斗挣扎于困境之中。他们似乎从未打算在空无寂寞中度过此生，而是怀着诗人特有的真诚，在对现实的抨击、对自我的坚持、对理想的追求中，艰难地向目的地接近。在某种意义上，佛教似乎是他们人生旅途中一个小憩的处所，在这里，他们以对现实忧患的精神超越而获得了心理的暂时平衡，获得了继续前进的内在动力。换言之，佛教在这里不是他们人生的归宿地，而是终将被跨越的一个环节，他们不停地呼喊、奋争，希望雪耻，希望返回朝廷，在在展现出了他们的终极关怀所在。用柳宗元的话说，便是"君子志正而气一，诚纯而分定，未尝摽出处为二道，判屈伸于异门也。固其本，养其正，如斯而已矣"（《送萧炼登第后南归序》）。

诚然，在生命沉沦的过程中，柳、刘也曾强烈地萌发过优游山水、归老田园的念头，并以消极的忍耐、退让取代积极的批判、抗争，但他们激切刚直的心性似乎过于根深蒂固了，他们对那幕导致自己被贬的政治悲剧的印象也委实太深刻了，而他们的灵魂又是那样不安定，时刻寻找着东山再起、雪冤复仇的时机，因而，即使在他们追求超越的过程中，也常常泛起一种浓郁的苦涩之感，潜隐着块垒难消的人生感恨。对他们来说，山林不只是供人消闷解愁的优游之地，而且是限制自由、类似桎梏的囚所；田园虽然唤起过他们美好的遐想，但那只是万般无奈后的退路，且不说客观现实不允许他们归田，退一步说，纵令允许，他们的心灵也难以得到长久的宁静。细读柳、刘诗文，我们总是觉察得到一种起伏波动于他们心灵深处的矛盾：一方面，他们心香佛典，不时在主观上淡化自我情志，竭力步入淡泊宁静、与世无争之途；另一方面，他们在客观上又常常冲破自我的主观设计，仿佛被一股巨大的无形的力量驱使着，念念不忘社会政治而欲再入其中一展经纶。一方面，承受着残酷的专制政治给予他们那终身受用的苦果，他们确曾寒心销志，感到无比的沉痛和哀伤；另一方面，他们又不仅仅沉溺于其中，而能时时从这沉痛哀伤中振起，或讽喻，或嘲笑，其锋森然，少敢当者。

我们认为，在上述矛盾中，后者乃是更重要、更本质的方面。在柳、刘的企盼和追求中，本即深寓着他们欲勠力社稷实现自我价值的道德责任，而在其批判与抗争中，又正充满着一种本能的生命驱力和斗士那义无反顾的刚正情怀。《论语·子路》篇云："狂者进取，狷者有所不为也。"邢昺疏谓："狂者进取于善道，知进而不知退；狷者守节无为，应进而退也。二者俱不得中，而性恒一。"[①]据此，则柳宗元、刘禹锡仍是儒门中人，一狷一狂，奠定了他们自我心性和执着意识的基石。

---

① 《论语注疏》卷十三，《十三经注疏》（下册）第2508页，中华书局1980年版。

寓意山水的个体忧怨与美学追求

——柳宗元游记诗文的直接象征性和间接表现性

　　人世的忧患、生命的沉沦往往导致文学向两个方向发展：或致力于对人内心痛苦的表现，或走向对自然山水的歌咏，其目的都在于排遣悲忧苦闷，获取内在心理的平衡。可是，当人的悲恨太重、执着意识又过强时，便不仅不能遣发愁思，而且还会愈陷愈深，不能自拔；而当这种化解不开的愁思通过情感外射，融入自然山水之中时，便不能不使它们染上浓郁的人的主观色彩。柳宗元饱含悲伤忧愤情调的游记诗文，即是这种情形的最好说明。在《游南亭夜还叙志七十韵》中，诗人宣称："屯难果见凌，剥丧宜所遭。神明固浩浩，众口徒叨叨。投迹山水地，放情咏《离骚》！"投迹于边远荒僻之地，而不丧其神明，亦不为众口所屈，直以坚韧之心性追踪屈骚，发为高唱，正见出柳氏执着意识之顽强；而"《离骚》者，犹离忧也"，"屈平之作《离骚》，盖自怨生也"①。司马迁的话，表明了《离骚》的悲剧性质，也使我们由此感触到了柳氏"放情咏《离骚》"以遣愁思的意图，以及弥漫于其游记诗文中的愁云惨雾、悲音激响。《新唐书》柳氏本传谓：宗元"既窜斥，地又荒疠，因自放山泽间，其堙厄感郁，一寓诸文。仿《离骚》数十篇，读者咸悲恻"②；元好问《论诗绝句》评柳诗云："谢客风容映古今，发源谁似柳州深？朱弦一拂遗音在，却是当年寂寞心！"③这里的"堙厄感郁""寂寞心"，似乎可以看作柳宗元游记诗文的深层内蕴，而由此向前推进，便自然接触到了我们将要论述的与此内蕴紧相关合的直接象征性、间接表现性两大特征。

一、弃人与弃地间的同感共应

所谓直接象征性，盖指诗人有意识地将自身遭际与自然山

---

① 《史记》卷八四《屈原贾生列传》，中华书局，1982年版，第2482页。
② 《新唐书》卷一百六十八《柳宗元传》，中华书局1975年版，第5132页。
③ 郭绍虞笺释：《元好问论诗三十首小笺》，人民文学出版社1978年版，第72页。

水在某一层面直接等同起来，借奇山异水的被忽略、被蔑视，象征自己被贬被弃、有才难申的悲剧命运，甚至发为议论，明确道出其借物自比的意图。

翻阅柳宗元的山水游记，可以突出地感觉到，他笔下呈现的大都是奇异美丽却遭人忽视、为世所弃的自然山水。在《钴鉧潭西小丘记》中，他反复致意，首云此丘乃"唐氏之弃地"，继谓"以兹丘之胜，致之沣、镐、鄠、杜，则贵游之士争买者，日增千金而愈不可得"，而"今弃是州也，农夫渔父过而陋之，贾四百，连岁不能售"。它如永州龙兴寺之东丘，"奥之宜者也，其始龛之外弃地"（《永州龙兴寺东丘记》）。小石城山工夺造化，却"不为之中州，而列是夷狄，更千百年不得一售其伎"（《小石城山记》）。袁家渴林木参差，涧水百态，而"永之人未尝游焉"（《袁家渴记》）。石渠风摇声激，美不胜收，却"未始有传焉者"（《石渠记》）。即使偶尔出州，才行数十步，也可看到"有弃地在道南"（《柳州东亭记》）。

在这里，"弃地"如此之多，一方面固然与唐代永州的荒远僻陋有关，是实际情况的反映；但另一方面又深寓着作者的主观意图，也就是说，他是有意识地专门选择这些弃地一再加以表现的，他是在借弃地来象征弃人的。在地与人之间存在着一种深层的内在关联：一看到弃地，贬谪诗人便会自然联想到自己被社会抛弃的命运；一想到自己的命运，便不由得将被弃的主观情感外射到所见到的弃地之中；而弃地的大量存在，无疑愈发加强了他由地到人，又由人到地的定向思维。同时，作者在此也并未将地与人作简单的比附，而是用对比、衬托的手法先极力凸现自然山水之美，然后反衬出如此之美的自然山水竟然被弃的悲惨遭遇，从而对被象征之主体——贬谪诗人才华卓荦却不为世用流落遐荒的命运作了益发突出的展现。如果说，前引《钴鉧潭西小丘记》中所谓"唐氏之弃地"，就广泛的象征意义论，已足可引起人们对"唐室之弃人"的联想，那么，作者在文章末尾说的几句话，便将此象征意图以及对自我命运的悲叹表现得更为直截了当：

> 我与深源、克己独喜得之，是其果有遭乎？书于石，所以贺兹丘之遭也。

林云铭评云："末段以贺兹丘之遇，借题感慨，全说在自己身上。……乃今兹丘有遭，而己独无遭，贺所以自吊。"[1] 是

---

① 《柳宗元集校注》卷二九，中华书局 2013 年版，第 1909 页。

的，既悲丘之不遇，又悲己之不遇；丘虽见弃于世人，尚可碰到知音的赏识，可自己竟连这样的机会都没有，相比之下，不是人的遭遇更惨于丘吗？

由于奇山异水为世所弃即象征着贬谪诗人的悲剧命运，这就必然造成二者之间一种同感共应的关系，必然使得贬谪诗人对被弃山水抱有一种特殊的感情。在著名的"永州八记"中，作者对永州一地的山山水水予以多角度、多层面的描摹、赞美，涧水的清澈寒冽，游鱼的萧散自由，秀木的参差披拂，泉石的奇伟怪特，无不带有这种特殊的感情烙印。这是爱与怜的结合，爱，既缘于山水本身的美，也缘于主体与客体命运的深层关合；怜，不仅因为二者皆沦落天涯，故而同病相怜，而且因为通过此怜，贬谪诗人找到了一条悲情宣泄的途径，孤寂的心灵获得了暂时的慰藉。怜来自爱，又胜过爱，由爱到怜，反映了诗人基于被弃命运而产生的心理流程。在《愚溪诗序》中，柳宗元将所遇到的溪、丘、泉、沟、池、堂、岛统统冠以"愚"名，其原因即在于它们"无以利世，而适类于余"。然而，山水和人并非真的"无以利世"，而是为世所弃无法利世，尽管二者均盼望着有以利世的一天，却终究不得利世，当此之际，便不能不使作者对与自己同一命运的山水寄予深深的同情和怜悯，借以表露自己内心的沉重忧愤：

　　　　今余遭有道，而违于理，悖于事，故凡为愚者莫我若也。

　　这种明显的正话反说，正深刻透露出作者内心的郁结块垒和对混浊人世的强烈不满。不过，作者又没有仅仅停留在这一层面，当他已意识到他无力摆脱眼前的困境，悲忧愤懑于事无补徒劳无益的时候，便将一颗受伤的心灵投入自然之中，借对山水本身之美的发现和开掘，来表现人的自我价值；借对自我价值的肯定，以解嘲的方式来否定社会现存秩序和道德标准。所以，文章末尾这样说道：

　　　　溪虽莫利于世，而善鉴万类，清莹秀澈，锵鸣金石，能使愚者喜笑眷慕，乐而不能去也。余虽不合于俗，亦颇以文墨自慰，漱涤万物，牢笼百态，而无所避之。以愚辞歌愚溪，则茫然而不违，昏然而同归，超鸿蒙，混希夷，寂寥而莫我知也。

　　这里，溪与人、人与溪在新的更高的层面上获得了同一性，二者的固有价值也由此明显地呈现出来：既然溪与人皆有利世之资，仅因"不合于俗"而不为世用，那么，其"善鉴万类，清莹秀澈"之价值固在，并不因世之用否而稍为减损；既然二者均有自我之价值，而又同处于为世所弃的境地，那么，相爱相怜，共辱共荣，"以愚辞歌愚溪"，便必然是"茫然而不违，昏然而同归"了。前人评《愚溪诗序》云："本是一篇诗序，正因胸中许多郁抑，忽寻出一个'愚'字，自嘲不已，无故将所居山水尽数拖入浑水中，一齐嘲杀。……反复推驳，令其无处再寻出路，然后以溪不失其为溪者代溪解嘲，又以己不失其为己者自为解嘲。"[1] 所谓"溪不失其为溪者""己不失其为己者"，实即前述溪与人之固有价值；所谓"解嘲"，正见出作者对此价值的肯定、对社会道德规范的反讽。日本学者清水茂曾深刻指出："柳宗元的山水记，是对于被遗弃的土地之美的认识的不断的努力，这同他的传记文学在努力认识被遗弃的人们之美是同样性质的东西。并且，由于柳宗元自己也是被遗弃的人，所以这种文学也就是他的生活经验的反映，是一种强烈的抗议。强调被遗弃的山水之美的存在，也就等于强调了被遗弃人们的美的存在，换言之，即宗元自身之美的存在。伴随着这种

---

[1]　《柳宗元集校注》卷二四，中华书局 2013 年版，第 1610 页。

积极的抗议，其反面则依于自己的孤独感对这种与他的生涯颇为相似的被遗弃的山水抱着特殊的亲切感，以及在这种美之中得到了某种安慰的感觉。"① 这是一段颇有见地的评议，它为我们展示了柳宗元山水记的深层内涵，而这深层内涵的基础，则无疑是前述人与山水由共同遭遇构成的内在同一；这深层内涵的表现，更得力于由贬谪诗人自觉意识导致的直接象征手法的运用。

二、客观对应物的选择与意象营造

柳氏游记诗文中直接象征手法的运用又是有限度的，柳宗元的一腔忧愤并没有也不可能在与自然山水的融合、同一中得到消释，甚至在某种程度上他本即未与自然山水取得真正的和谐同一。这从两个方面可以看出：一方面，自然山水的美只是局部的，给他的安慰也只是暂时的，从整体上看，贬所环境给予诗人心灵的乃是一种恶的投影，由此产生的也就不能不是一种永久的悲伤忧愤。在《囚山赋》中，柳宗元把永州四郊的

---

① 清水茂：《柳宗元的生活体验及其山水记》，华山译，载《文史哲》1957 年第 4 期。

山林比作牢狱、陷阱，对之深恶痛绝；在《与李翰林建书》中，他不仅谈到永州之地蛇虫遍布令游人多恐的险恶环境，而且详细叙述了自己被拘一隅暂得一笑已复不乐的心境。所有这些足以说明，自然山水局部的美与整体的恶，贬谪诗人暂时的乐与永久的忧，乃是横亘于柳氏游记诗文中的极为突出的内在矛盾。另一方面，如果不计贬所环境整体的恶，那么可以看到，即使在局部美的山水中，柳宗元依然得不到完全的安慰，也难以与自然达到真正的和谐同一。因为事情很清楚，柳氏笔下的奇山异水，大都奥狭深僻、幽寂凄冷。举凡东丘、钴鉧潭西小丘、小石潭、石渠等无不如此。由于奥狭深僻，且被外物环围，势必使人的视野受到极大限制，向外观望往往须抬头仰视，这就极易令人生出跼天蹐地坐井观天的被拘囚感和压抑感；由于幽寂凄冷，势必时时触发贬谪诗人原来即有的孤独感，甚至使他慑于气氛的"凄神寒骨，悄怆幽邃"而不敢久留，匆匆"记之而去"（《至小丘西小石潭记》）。

既然由于上述原因，柳宗元很难取得与永州山水完全的、真正的和谐同一，在二者之间是颇有距离的，那么，为什么柳氏游记诗文中大部分自然山水是那样摇曳多姿、真实可爱？为什么那些奥狭深僻、幽寂凄冷的山水又反复出现在作者笔下？

我们认为，这除了永州一地的自然山水在客观上多具有这种特点，而这种特点在一定程度上又与作者索寞的心境相契合外，其主要原因还在于柳氏游记诗文间接表现性方法的使用和主体有着明确指向的美学追求。

所谓间接表现性，盖指主体情志不以直接抒发的方式加以表露，而是在自觉选择并真实描摹对象物的前提下，以隐蔽的方式融注其中，更确切地说，这是表现和再现两种方法的结合体。就一般情况讲，表现性方法注重主观情感的抒发，相对忽略对外物的细致刻画；再现性方法注重对外物的真实再现，较少主观情感的明确表露。将此二者结合起来，既重自然景物的真实描摹，又将主观情感不露痕迹地大量融注其中，令人于意会中明确领略到作者的情感指向，这便形成了存在于柳氏游记诗文中的间接表现性方法。

细读柳宗元的山水游记，一个突出的印象便是描写景物真实生动，惟妙惟肖，而较少主观情感的直接表露。在这些游记中，水，有涧水，有潭水，也有溪水，它们或平布石上，"流若织文，响若操琴"（《石涧记》），或"流沫成轮，然后徐行"（《钴鉧潭记》）；石，有横亘水底之石，也有负土而出之石，它们或"全石以为底，近岸卷石底以出，为坻为屿，为嵁为岩"

（《至小丘西小石潭记》），或突怒偃蹇，争为奇状，"其嵌然相累而下者，若牛马之饮于溪；其冲然角列而上者，若熊罴之登于山"（《钴鉧潭西小丘记》）；游鱼，无不萧散自由，"皆若空游无所依，日光下澈，影布石上，怡然不动；俶尔远逝，往来翕忽"（《至小丘西小石潭记》）；林木山风，则气象万千："每风自四山而下，振动大木，掩苒众草，纷红骇绿，蓊葧香气，冲涛旋濑，退贮溪谷，摇飏葳蕤，与时推移"（《袁家渴记》）。这里，有动有静，有形有色，有疾有缓，有点有面，真是一幅真切无比的山水画卷。刘熙载评柳文云："如奇峰异嶂，层见叠出"，"柳州记山水，状人物，论文章，无不形容尽致；其自命为'牢笼百态'，固宜。"[①] 可谓有见。

诚然，柳宗元的人生悲恨是极深重的，在他心中时刻涌动着发泄的欲望，但艺术家的天性又使他特重文学作品的真实性、严谨性，而自然山水局部的美又确实深深吸引了他，使他产生出将之再现出来传之世人的强烈意愿；但从另一角度看，既然柳宗元悲恨深重，既然他被"投迹山水地"，要"放情咏《离骚》"，就不可能将此悲恨长期沉埋心底而不予表现。既要表现，又不愿因此表现而损伤艺术的真实，唯一的办法，便是

① 刘熙载：《艺概》卷一《文概》，上海古籍出版社1978年版，第24页。

有目的地选择某种与自我心境情怀相一致的自然景物，将主观情感不着痕迹地寄寓其中，为飘摇动荡的精神觅得一块暂时的安顿、停放处。

那么，哪些自然景物与贬谪诗人的主观情志最相契合呢？我们知道，柳宗元被贬之后万谤齐集，百忧攻心，神荼志靡，方寸颇乱，他亟需在自然山水中找到一块幽深清静之地，以沉潜思虑，躲避烦嚣，诚如他一再申明的："夫气烦则虑乱，视壅则志滞。君子必有游息之物，高明之具，使之清宁平夷，恒若有余。"（《零陵三亭记》）与此同时，巨大的社会压力和揪心的心灵痛苦也导致了柳宗元性格的变异，使他将人生悲恨沉埋心底，以沉默寡言、反视内省的态度来应付并漠视外界的事变，所谓"远弃甘幽独"（《酬娄秀才将之淮南见赠之什》）、"寂寞固所欲"（《夏初雨后寻愚溪》）、"更乐喑默，思与木石为徒，不复致意"（《与萧翰林俛书》），便清晰地展现了他的性格向幽独、寂寞转化的轨迹。由于希望寻找幽深清静之地的主观意图和愈趋幽独寂寞的性格变化，必然促使身处逆境的作者去寻找、选择并描写那些与其心境相契合的客观对应物，于是，大量奥狭深僻、幽寂凄冷的自然山水便接连不断地出现在他的笔下。诸如东丘的奥趣、石渠的清深、小石潭的寂寥、袁家渴的幽丽、黄溪二潭的曲邃、钴鉧潭西小丘的幽静，在在表现出与诗人心境相契合的特点，见出诗人追求幽寂美的主体情志。

诗人在选择了这些奥狭深僻的山水景点之后，还非常重视幽静深邃境界的创造和清冷凄迷氛围的渲染——"潭西南而望，斗折蛇行，明灭可见。其岸势犬牙差互，不可知其源。"（《至小丘西小石潭记》）"其侧皆诡石怪木，奇卉美箭，可列坐而麻焉。风摇其巅，韵动崖谷。视之既静，其听始远。"（《石渠记》）"重洲小溪，澄潭浅渚，间厕曲折，平者深黑，峻者沸白。舟行若穷，忽又无际。"（《袁家渴记》）他如悬泉深涧，古木苍藤，曲折山径，幽幽竹林，无不呈现出同一特色，尽管由此特色可以领悟到一种美，但这美的基调却是低沉的、幽隐的、清淡的，它折射出了贬谪诗人孤独寂寞的意绪；尽管在这些景物描写中，没有明确的悲情抒发，但由于在诗人幽独寂寞的心性中，本即包含着对混浊人世的强烈不满，因而，诗人以苍凉忧愤的眼光观物，不能不使上述景物之意境、气氛均呈低沉凄冷之态，不能不使它们都带着一种与世俗不谐的孤独冷峭的色彩。

三、忧乐结合的心理流程与表现方法的交相为用

在柳宗元的山水游记中，诗人当年那颗"寂寞心"几乎是无所不在的。诗人的出游，固然是为了遣愁，但他往往是独游，所至之处又是那样的幽寂，无人可语，只有风声、水声相伴，且不说诗人当时的心境如何，愁闷能否遣除，仅就其游记诗文中传达给读者的情状来看，已令人为之恻然心动了。不是吗？当我们看到诗人步入深林，独游南涧的时候；独坐于石渠，听风摇其巅，韵动崖谷的时候；行至小石潭，四面竹树环合，寂寥无人、寒气透骨、心神凄冷的时候，难道感觉不到由中透露出的那种巨大的寂寞之感吗？难道体味不到那弥漫于环境之中的悲凉气息和忧怨情怀吗？

当然，柳宗元在出游中也曾感到过快慰，而且这种快慰在他登高远望时表现得最为明显。如《始得西山宴游记》写诗人"穷山之高而止，攀援而登，箕踞而遨，则凡数州之土壤，皆在衽席之下。其高下之势，岈然洼然，若垤若穴，尺寸千里，攒蹙累积，莫得遁隐。萦青缭白，外与天际，四望如一"。在这里，西山的高耸入云与其他诸记中丘、潭之窄狭奥僻恰成鲜明的对比，而"尺寸千里""四望如一"的阔大视野也绝非在小

丘小潭顾地窥天之状所可比拟。正是由于地势的变化，导致了景观的变化，同时导致了人由仰视而至俯瞰的视角改变，以及心境的改变："悠悠乎与颢气俱，而莫得其涯，洋洋乎与造物者游，而不知其所穷"，并继之以"引觞满酌，颓然就醉，不知日之入；苍然暮色，自远而至，至无所见，而犹不欲归。心凝形释，与万化冥合"。显然，这种感受是远远超过了诗人游钴钅母潭、小丘、小石潭等处的感受的。从某种意义上讲，这种感受乃是一种身在桎梏之中而忘却桎梏后才产生的神情散朗的境界，在它的内里，正蕴含着贬谪诗人意欲摆脱苦闷追求自由的努力。

然而，这种感受是极少的，而且是暂时的，当诗人一回到现实之中，巨大的悲伤感恨便重又泛起在心头，甚至比此前更为沉重。徐复观先生认为："所谓艺术家的精神修养，都是以一具体的艺术对象为其界域。在此一界域之内，有其精神上的自由、安顿之地。但一旦离开此一界域，而与危栗万变的世界相接，便会震撼动摇，其精神上的自由、安顿，即归于破坏。"① 柳宗元的情形便是如此。他出游山水的时候，往往是愁闷最重的时候——"闷即出游"（《与李翰林建书》）；他与奇

---

① 徐复观：《中国艺术精神》，春风文艺出版社 1987 年版，第 112 页。

山异水相接的时候，往往是心情较为轻松的时候——"枕席而卧，则清泠之状与目谋，瀯瀯之声与耳谋，悠然而虚者与神谋，渊然而静者与心谋"（《钴鉧潭西小丘记》）；而他结束游程回返郡中的时候，则往往是失落感最强烈的时候——"入门守拘縶，凄戚增郁陶。慕士情未忘，怀人首徒搔"（《游南亭夜还叙志七十韵》）。显然，柳宗元的内在心态始终在从失调到平衡，再从平衡到失调间反复摇摆，其悲伤忧愤的情感也一直处于由泛起到沉潜，再由沉潜到泛起的动荡之中。自然山水的奇丽和游历过程中的刺激使他暂时忘却了人世的纠纷，他精神上的自由、安顿之地便找到了；可是当他一想起萦绕中怀的深哀巨痛，并由被弃山水联系自身的悲剧命运，便不能不马上与危栗万变的世界相接，于是精神上的自由、安顿即归于破坏。是的，柳宗元的悲伤忧愤实在是太沉重了，沉重到往往使他难以忍受寂寞而必欲于文学作品中一抒为快的地步。在这种情况下，间接表现性的方式便在直接表现性的挤迫下而悄悄退避。在"永州八记"中，这种直接表现作者主观情感的突出例证便是《钴鉧潭西小丘记》和《小石城山记》两篇作品。关于前记上文已经谈到，后记的感慨议论如下：

　　噫！吾疑造物者之有无久矣。及是愈以为诚有。又怪其不为之中州，而列是夷狄，更千百年不得一售其伎，是故劳而无用，神者傥不宜如是，则其果无乎？或曰："以慰夫贤而辱于此者。"或曰："其气之灵不为伟人，而独为是物，故楚之南少人而多石。"是二者，余未信之。

　　这里，作者借怀疑造物者之有无来抒发忧愤的意图是至为明显的，"盖子厚迁谪之后，而楚之南实无一人可以语者，故借题发挥，用寄其以贤而辱于此之慨"[1]；"后幅从石城上忽信一段造物有神，忽疑一段造物无神，忽捏一段留此石以娱贤，忽捏一段不钟灵于人而钟灵于石，诙谐变幻，一吐胸中郁勃"[2]。

　　由于柳宗元的精神始终处于暂时安定和永恒动荡的摇摆之中，势必造成他忧乐结合、此起彼伏的心理流程，也势必导致他游记诗文中间接表现和直接表现两种方法的交替使用。《构法华寺西亭》这样写道："窜身楚南极，山水穷险艰。步登最高寺，萧散任疏顽。"这是游历的开始，已呈现出一股按捺不

---

[1]　林云铭《古文析义》初编卷五，《柳宗元集校注》卷二九集评，中华书局2013年版，第1937页。

[2]　孙琮《山晓阁选唐大家柳柳州全集》评语卷三，同上。

住的怡悦之气，随着骋目四望，美景毕现，心境也愈为开朗。"神舒屏羁锁，志适忘幽潺。弃逐久枯槁，迨今始开颜。"然而，志虽适而不得久适，颜甫开旋又闭合："赏心难久留，离念来相关。北望间亲爱，南瞻杂夷蛮。"诗人好比戴着脚镣在跳舞，刚刚抬步，便被沉重的牵拽力拖在地面，很难真正轻松起来。所以，当他于"神舒屏羁锁"之后，便必然地升腾出"离念来相关"的凄楚悲凉。苏轼曾评柳诗谓："忧中有乐，乐中有忧，盖绝妙古今矣。然老杜云：'王侯与蝼蚁，同尽随丘墟。'仪曹何忧之深也？"① 认为柳诗过于悲忧，而不能旷达，自是宋人不同于唐人处，可置勿论，唯需重视的是，所谓"忧中有乐，乐中有忧"和"忧之深"，则一语道破了柳诗的全部奥秘。试看《南涧中题》：

秋气集南涧，独游亭午时。回风一萧瑟，林影久参差。始至若有得，稍深遂忘疲。羁禽响幽谷，寒藻舞沦漪。去国魂已游，怀人泪空垂。孤生易为感，失路少所宜。索寞竟何事？徘徊只自知。谁为后来者，当与此心期。

---

① 胡仔《苕溪渔隐丛话》前集卷十九引，人民文学出版社1962年版，第123页。

　　"独游"是全诗主线。时当正午，地在南涧，秋气毕集，回风萧瑟，林影参差晃动，气氛幽寂凄冷。由"始至若有得"两句看，诗人入深探奇，竟忘记了疲劳，心境是愉悦的。诚如他在同期所作游同一南涧的《石涧记》中所说："交络之流，触激之音，皆在床下；翠羽之木，龙鳞之石，均荫其上。古之人其有乐乎此耶？后之来者有能追予之践履耶？得意之日，与石渠同。"可是，诗人这种"得意"却是有条件的：得意之前，便先已存有沉重的失意之感；得意之中，失意之感虽暂时下沉到潜意识层次，却并未消失；而在得意之后，这种失意之感便益发浓烈地涌上心头。何况他所游之南涧是那样寂寥清冷，所当之秋气是那样凛冽肃杀，而所闻之声响又是羁禽的幽谷哀鸣！所有这些，既是其间接表现内在意绪的对象和条件，也是触发其心理深层悲感而欲直接表现的媒介。由景生情，再由情观景，不能不使他得意未终便忧从中来，在对"孤生""失路"的习惯性联想中，生发出"去国魂已游，怀人泪空垂"的深沉至极的凄怆感受和忧怨情怀。贺裳有言："《南涧》诗从乐而说至忧，《觉衰》诗从忧而说至乐，其胸中郁结则一也。柳子之答贺者曰：'庸讵知吾之浩浩非戚戚之尤者乎？'读此文可解此诗。"① 于浩浩中寓戚戚，实乃柳氏游记诗文的一个基本特征，而乐中有忧，忧乐交替，以乐衬忧，直抒忧怀，更是《南涧中题》等众多游记诗文间接表现乃至直接表现方法的集中体现。何焯指出："'羁禽响幽谷'一联，似缘上'风'字，直书即目，其实乃兴中之比也。羁禽哀鸣者，友声不可求而断迁乔之望也，起下'怀人'句；寒藻独舞者，潜鱼不能依而乖得性之乐也，起下'去国'句。"② 此论甚确，已触及柳诗两种表现方法间的内在关联；由此转想开去，联及《诗经·伐木》章"伐木丁丁，鸟鸣嘤嘤。……嘤其鸣矣，求其友声"的"兴"而兼"比"的诗句③，可以对此一问题获得进一步的理解。在深山大谷中，失群的鸟儿独自哀鸣，以求同伴，以觅归途，这本身就是一种象征基础上的间接表现；然而友声竟不可求，归途亦不可觅，当此之际，这只孤独的鸟儿该是何等的悲伤！它那凄楚的鸣叫，正如同被拘一隅的诗人将"羁禽响幽谷"的间接表现一变而为对"去国""怀人"之巨大寂寞和忧怨情怀的直接表

---

① 贺裳《载酒园诗话》又编，《清诗话续编》(上)，上海古籍出版社1983年版，第346页。

② 何焯著，崔高维点校：《义门读书记》卷三七《河东集》下，中华书局1987年版，第668页。

③ 《伐木》一诗兴而兼比，亦有人认为其兼用赋法，如陈子展先生云："《毛传》以伐木为兴，实则伐木而鸟鸣高迁，当是直赋其事。嘤鸣以下，则又转为比耳。"见《诗经直解》，复旦大学出版社，1986年版，第530页。

述，听来令人为之心颤神凄！

山水游记是柳宗元诗文中的精品，也是作者悲剧人生和审美情趣的结晶。身世遭遇和环境的压迫，造成主体心理的变异，长歌当哭，自比愚昧，聊为优游，乐而复悲。郁愤填膺时，憎山恶山，以山水为"狴牢"；一人独游时，又与之同病相怜，或直接象征，或间接表现，甚或摆脱一切牵缠，直抒胸臆，借以集中展示自然山水幽僻奥狭、凄寒冷峭的形态和作者的一腔忧怨，从而形成了柳氏游记诗文"凄神寒骨"之美的主要特色。

冷峭：柳宗元审美情趣和悲剧生命的结晶

冷，谓其色调清冷；峭，谓其骨力峭拔；峭拔的骨力和清冷的色调紧相糅合，构成了柳氏游记诗文乃至其他众多作品不无偏执的典型风格。

这种风格的形成在很大程度上是柳宗元特别偏爱冷峭并着力追求的结果。在《答韦中立论师道书》中，柳宗元明确提出了自己为文的标准："抑之欲其奥，扬之欲其明，疏之欲其通，廉之欲其节，激而发之欲其清，固而存之欲其重"，"参之《离骚》以致其幽，参之太史公以著其洁"。这里的诸多标准虽各有区别，但若细加体味，其内在指向大都与清冷峭拔有关，而其中"奥""节""清""幽""洁"诸点表现尤著。可见，柳宗元对此风格是有着明确意识的。然而，这又绝非一个理论认识和表现手法的问题，在此之外，还与诗人的身世遭际和性格特征有关。我们知道，柳宗元本质上是一位执着型的诗人，激切、孤直是他性格中的主要特征，而生命沉沦的巨大人生苦难又迫使他逐渐向幽独、寂寞转化，从而给他孤直、激切的性格又增添了一种深沉、悲凉的色彩。这样一种源于人生感恨、饱含深沉悲凉的激切孤直而又幽独寂寞的性格，势必导致诗人在艺术上的相应追求，而当他自觉不自觉地贯注于创作实践的时候，则势必导致冷峭风格的形成。

一、氛围与意象

首先，从艺术造境上看，柳宗元最为重视幽静深邃境界的创造和清冷凄迷氛围的渲染。

潭西南而望，斗折蛇行，明灭可见。其岸势犬牙差互，不可知其源。（《至小丘西小石潭记》）

其侧皆诡石怪木，奇卉美箭，可列坐而庥焉。风摇其巅，

韵动崖谷。视之既静，其听始远。（《石渠记》）

　　重洲小溪，澄潭浅渚，间厕曲折，平者深黑，峻者沸白。舟行若穷，忽又无际。（《袁家渴记》）

　　这里既有气氛的清冷凄迷，又有境界的深邃幽静，令人读来耳目俱新，尘虑顿消。他如悬泉深涧，古木苍藤，曲折山径，羁禽哀鸣，无不呈现出同一特色，尽管由此特色可以领悟到一种美，但这种美的基调却是低沉的、幽隐的、清淡的，它折射出了贬谪诗人孤独寂寞的意绪，因而，总体上必然趋向于清冷、寒冷甚至凄冷。

　　其次，从意象使用上看，冷峭的特点表现得更为突出。在柳宗元的山水游记中，水多为清冽凄寒之水，石多为奇峭怪丽之石，如《永州崔中丞万石亭记》详写怪石之状云：

　　　大石林立，涣若奔云，错若置棋，怒者虎斗，企者鸟厉。抉其穴则鼻口相呀，搜其根则蹄股交峙。环行卒愕，疑若搏噬。

　　石之多，已不可数；石之状，则突怒偃蹇；由之构成怪石意象，给人强烈的峭硬之感。又如《钴镆潭记》写激流：

> 钴鉧潭在西山西，其始盖冉水自南奔注，抵山石，屈折东流，其颠委势峻，荡击益暴，啮其涯，故旁广而中深，毕至石乃止。流沫成轮，然后徐行，其清而平者且十余亩。

这里的水有清洌的特点，但更为暴怒，林纾评"颠委势峻"四字云："'势'者，水势也；'委'者，潭势也。水至而下进，注其全力，趋涯如矢，中深者为水力所射。"[①] 由此很可以看出峻急峭厉的水的意象。

我们知道，意象者，意与象之结合体也。它已不是简单的物象所可比拟，而是经过了主体心灵的化合，以意领象、借象寓意的产物。尽管它并不因此而失去客体本身的真实，但真实中却分明包蕴着外射的主体情感。如果说，在柳宗元山水游记中表现最多、写得最好的便是水与石，而这些水、石意象又无不寄寓着贬谪诗人幽独寂寞、郁怒不平的情志，所以在整体上显得清冷峻急、峭拔瘦硬，那么，这些意象聚集一途，反复出现，便无疑大大强化了柳氏山水游记的冷峭风格。

然而，又岂止是山水游记？在柳宗元其他抒情写景之作中，类似的意象也是大量存在的。诸如"残月""枯桐""深

① 林纾著：《韩柳文研究法》，商务印书馆 1914 年版。

竹""清商""寒松""零露""枯干""寒光""幽谷"等充满凄冷意味和峭厉之感的意象，在这些作品中几乎触目皆是。"风窗疏竹响，露井寒松滴"（《赠江华长老》）、"芳丛翳湘竹，零露凝清华"（《巽上人以竹间自采新茶见赠酬之以诗》）、"清商激西颢，泛滟凌长空"（《初秋夜坐赠吴武陵》）、"朔云吐风寒，寂历穷秋时"（《零陵赠李卿元待御简吴武陵》）……夜间独卧，"觉闻繁露坠，开户临西园。寒月上东岭，泠泠疏竹根。石泉远逾响，山鸟时一喧"（《中夜起望西园值月上》）；清晨早行，"杪秋霜露重，晨起行幽谷。黄叶覆溪桥，荒村唯古木。寒花疏寂历，幽泉微断续"（《秋晓行南谷经荒村》）。在这些诗句中，较少外在色相的刻意渲染，没有使狠斗气的悲情抒发，而深刻峭拔、清寒幽冷之气自在，孤独寂寞、沉郁悲忧之情愈深。设若没有大量冷峭意象的使用，便很难达到这种"清劲""森严"的境界。

二、用字与笔法

从遣词造句、用笔行文上看，柳宗元特重字词的精当选择，特重笔法的深刻锻炼，充分体现了他提出的"严""清""幽""洁"等为文标准。请看：

> 崇其台，延其槛，行其泉于高者而坠之潭，有声潨然。尤与中秋观月为宜，于以见天之高，气之迥。（《钴鉧潭记》）
>
> 其旁出堡坞，有若门焉。窥之正黑，投以小石，洞然有水声，其响之激越，良久乃已。环之可上，望甚远，无土壤而生嘉树美箭，益奇而坚。（《小石城山记》）

其文字，简洁至极，几乎移易一处而不得；其笔法，严整警拔而又灵活多变，有如奇峰异嶂；其气势，"生峭壁立，棱棱然使人生慄"①。刘熙载云：柳文"有四种笔法：突起、纡行、峭收、缦回也"②；林纾亦谓："子厚之文，古丽奇峭，似六朝而实非六朝；由精于小学，每下一字必有根据。体物既工，造语尤古。"③由此可见柳文冷峭特征之概貌。

与此相应，柳诗也具有择字精审、刻画深刻的显著特点。

---

① 林纾：《韩柳文研究法》，商务印书馆 1914 年版。
② 刘熙载：《艺概》卷一《文概》，上海古籍出版社 1978 年版，第 24 页。
③ 林纾：《春觉斋论文》，人民文学出版社 1961 年版，第 70 页。

以两首描写瀑布的诗为例，即可见出个中情形：

　　　　界围汇湘曲，青壁环澄流。悬泉粲成帘，罗注无时休。
　　韵磬叩凝碧，锵锵彻岩幽。丹霞冠其巅，想象凌虚游。灵境
　　不可状，鬼工谅难求。……（《界围岩水帘》）

　　　　歊阳讶垂冰，白日惊雷雨。笙簧潭际起，鹳鹤云间舞。
　　古苔凝青枝，阴草湿翠羽。蔽空素彩列，激浪寒光聚。的皪
　　沉珠渊，锵鸣捐佩浦。……（《再至界围岩水帘遂宿岩下》）

　　此二诗气氛肃穆，境界清寒，比喻精警，气势峭厉，令人
想见界围岩瀑布奔腾直下、锵锵轰鸣的情状；而其动词的选
用尤为引人注目："碧"而谓之"凝"，"凝碧"又冠以"叩"，
而叩击碧玉般青石之声乃为"磬"音，则此磬之"韵"该是何
等的清远激越！这是多种力量的聚合，其中又极力突出了一
个"叩"字，从而令人于听觉感受中去领略那瀑布与岩石撞击
发出的音响。"浪"而曰"激浪"，见其迅猛翻腾之气势；激浪
而发出"寒光"，见其凛冽幽冷之氛围；寒光不是外射，而是
内"聚"，一个"聚"字，极真切地表现了瀑布落下后因岩底昏
暗而导致的浪光幽寒、光波极短的情形，从而又给人以强烈的

视觉感受。他如"悬泉粲成帘"的"粲"字，"古苔凝青枝"的
"凝"字，"阴草湿翠羽"的"湿"字，"的皪沉珠渊"的"沉"字，
都用得极好，从不同角度强化了整个环境冷峭幽寂的特点。

　　同时，我们注意到柳宗元诗文特爱使用色彩幽暗、形象
尖利的字词和意象。从上面二诗看，"青壁""凝碧""垂
冰""青枝""阴草""翠羽""素彩""寒光"，均呈暗色，而
且大多尖利瘦硬。他如柳氏山水记中频繁出现的色彩词语，如
"黛蓄膏渟"（《游黄溪记》）、"萦青缭白"（《始得西山宴游
记》）、"青树翠蔓"（《至小丘西小石潭记》）、"平者深黑，峻
者沸白"（《袁家渴记》）、"青鲜环周""清深多鯈鱼"（《石渠
记》），也都呈暗色调，就中"青"色出现次数尤多。至于柳诗
中使用的形象尖利的词语，更是所在多有，如"砉然劲翮剪荆
棘"（《笼鹰词》）、"左右六翮利如刀"（《跂乌词》）、"林邑
东回山似戟"（《得卢衡州书因以诗寄》）、"海畔尖山似剑铓"
（《与浩初上人同看山寄京华亲故》）、"崩云下漓水，劈箭上浔
江"（《答刘连州邦字》）、"奇疮钉骨状如箭，……支心搅腹
戟与刀"（《寄韦珩》），其中的"剪""利""刀""戟""剑
铓""劈箭"，无不尖利峻刻，刺人肺腑。常识告诉我们：尖利
者易于引起人的触觉感受，给人以峭硬感和疼痛感；暗淡者易

于引起人的视觉感受，给人以压抑感和幽冷感，甚至还可由视觉转化为触觉上的紧缩感受。而当这两方面紧密结合在一起的时候，那么，无论就作品的基调而言，还是就读者的感受而言，柳宗元的游记诗文以及其他类型的众多作品，都势必呈现出冷峭的风格特征。

三、心性与风格

上述形象尖利、色调冷暗之词语的选用和表现，固然与柳宗元的精于小学、富于技巧、择字精审、刻画深刻有关，但从本质上看，更与柳宗元的身世遭际、心性情怀有关。"《骚经》之文，非文也，有是心血，始有是至言。"[①]同理，柳氏之山水游记，非游记也，有是遭际和忧愤，始有是境界格调。换言之，柳宗元忧愤、寂寞、孤直、激切的心性情怀正是通过其作品的冷暗色调和尖利词语得以印证的，正是借助于其作品风格的冷峭性加以表现的。这里有贬谪诗人情感上的偏执性，更有他意志上的顽强性，整个地贯注着一股身处逆境虽然悲伤却不肯屈

---

① 林纾:《春觉斋论文》，人民文学出版社 1961 年版，第 49 页。

服的清刚之气，闪现着一种深沉凝重而又猛志常在的生命情调和悲剧精神。试看其《江雪》：

> 千山鸟飞绝，万径人踪灭。
>
> 孤舟蓑笠翁，独钓寒江雪。

这首曾被誉为唐人五言绝句最佳者的小诗，可以说是柳氏诗文冷峭风格和悲剧精神的集中反映。一个"绝"，一个"灭"，见出环境极度的清冷寂寥；一个"寒"，一个"雪"，更给这清冷寂寥之境添加了浓郁的严寒肃杀之气；而渔翁竟丝毫不为此严冷肃杀所惧，仍执意垂钓，则其意志该是何等的顽强、坚韧！其精神又该是何等的孤傲、劲拔！一方面，这里有冷，也有峭，是峭中有冷，冷以见峭，二者的高度结合，形成了迥拔流俗一尘不染的冷峭格调；另一方面，冷峭的格调反映了诗人精神的卓绝。从诗意看，孤舟垂钓的渔翁象征着贬谪诗人是不言而喻的，而渔翁不畏严寒坚持垂钓的精神也不啻是贬谪诗人不屈不挠之悲剧精神的典型写照。徐复观在评论南宋马远、夏圭诸人的画作时这样说道："他们奇峭的峰峦，盘根屈铁的树木枝干，这实在象征了在屈辱地位中，人格向上的挣扎；在卑微的国势中，人心向前的挣扎。"① 这话说得何等深刻！联及柳宗元笔下的渔翁，以及他山水记中那突怒偃蹇的怪石、颠委势峻的激流、雷鸣骤雨般的瀑布，不是也很可以看出在屈辱、苦难的境遇中，贬谪诗人不肯降心辱志而努力挣扎的痕迹么？

当然，柳宗元的人格及其游记诗文的风格还具有淡泊纡徐的一面。就柳诗而言，前人便多将其诗风与陶渊明、韦应物等人的诗风联系在一起，认为"柳子厚诗在陶渊明下，韦苏州上。……所贵乎枯澹者，谓其外枯而中膏，似澹而实美，渊明、子厚之流是也"②；"中唐韦苏州、柳柳州，一则雅澹幽静，一则恬适安闲。汉魏六朝诸人而后，能嗣响古诗正音者，韦、柳也"③。从风格之淡泊、古朴一点上看，部分柳诗与陶、韦诗确有近似之处，亦即都能以其接近自然、不事藻绘的风貌给人以清新闲雅之感。然而，若细加体味，他们的诗风又是颇有差异的：陶诗淡泊而近自然，最能反映心境的平和旷远；韦诗淡泊而近清丽，令人读后怡悦自得；而柳诗则于淡泊中寓忧怨，见

① 徐复观：《中国艺术精神》，春风文艺出版社 1987 年版，第 391 页。
② 苏轼《评韩柳诗》，《苏轼文集》卷六十七，中华书局 1986 年版，第 2109 页。
③ 田雯《古欢堂·杂著》卷二，《柳宗元集校注》附录，中华书局 2013 年版，第 3647 页。

峭厉；尽管诗人曾有意识地将此忧怨淡化，但痕迹却未能全然抹去，加上诗人在遣词造意上多所经营，致使很多诗作仍于隐显明暗之间传达出冷峭的信息。对这一情况，前人亦曾屡加指明："柳子厚诗，雄深简淡，迥拔流俗，至味自高，直揖陶、谢；然似入武库，但觉森严"①；"宋人又多以韦、柳并称，余细观其诗，亦甚相悬。韦无造作之烦，柳极锻炼之力；韦真有旷达之怀，柳终带排遣之意。诗为心声，自不可强"②；"世称韦、柳，其不及柳州者，少一峭耳。"③将这里的"森严""锻炼""排遣""峭"综合起来看，便足可看出柳与韦、与陶的区别，看出柳之为柳的关键所在了。

鉴于此，我们有理由认为：是贬谪诗人情感的偏执性导致了其诗风的偏执性，而突出表现在柳氏游记诗文中的这种偏执的、几乎凝固化了的冷峭风格，在深层次上正反映了贬谪诗人饱含辛酸、屈辱和坚持、抗争的悲剧精神。

---

① 胡仔《苕溪渔隐丛话》后集卷三三引蔡绦语，人民文学出版社 1962 年版，第 257 页。
② 贺裳《载酒园诗话又编·韦应物》，《清诗话续编》（上），上海古籍出版社 1983 年版，第 336 页。
③ 陈衍：《石遗室诗话》卷四，商务印书馆 1935 年版。

柳宗元古近体诗与表述类型之关联及其嬗变

在诗体的选择上，在不同诗体的前后变化上，柳诗有若干值得关注的特点。一方面，柳宗元在其谪居时间最长的永州使用最多也最为后人看重的是五言古诗；另一方面，"由永至柳，五言少而七言多，古体少而近体多。这是柳宗元诗歌创作中呈露的新趋向"①。对于柳诗的这些特点，相关学者已有发现和考察，但尚欠细密和深入。本文借助定量分析等方法予以考索和阐释，希望能对此一问题有所推进。

---

① 尚永亮：《柳宗元诗文选评》，上海古籍出版社 2003 年版，第 165 页。

一、创作时期与所用诗体的定量分析

柳宗元的诗歌创作可分两大时期，即入仕前后的在京期（790—804）和革新失败后的贬谪期（805—819）；而贬谪期又可细分为四个大小不等的时段，即永州时段（805—814）、诏返时段（815）、再迁时段（815）、柳州时段（815—819）。[①]对两大时期存留诗作及涉及体裁细加统计和重新检核，共得诗163首，[②]古近各体诗约9类。[③]将这163首诗作、9类诗体按创作时段、地点予以统计，得柳诗创作简表如下。

---

① 参见尚永亮《柳宗元诗文选评》所列诸时段及相关解说。
② 传统说法为164首。如王国安《柳宗元诗笺释》（上海古籍出版社1993年版）前言注[四]谓："通行本柳集存诗两卷，雅诗歌曲一卷，共一百三十七题，一百六十三首。加上宋乾道永州本《柳柳州集》载《送元暠师》，为一百六十四首。"今按：此统计当有小误，笔者据中华书局1979年版《柳宗元集》、中国书店1991年影印本《柳河东集》统计，共收诗162首，加上《送元暠师》，共得163首。又对王国安《柳宗元诗笺释》一书所收诗反复检核，所得数亦为163首。
③ 柳宗元创作所涉及诗体，除七言排律外，计有五古、七古、五排、五律、七律、五绝、七绝、六绝，以及雅诗歌曲中包含的三言体、四言体和三四五言的杂言体诸种。为便利计，将雅诗歌曲视为一类。

表1 柳宗元各时期各诗体创作简表[①]

诗体	地点	长安	永州	诏返	再迁	柳州	未明	合计
古体	五古	1	55	2	1	2		61
	七古	2	10	0	0	2	1	15
近体	五排	1	6	0	0	1		8
	五律	0	3	3	0	4		10
	七律	0	2	0	2	8		12
	五绝	0	4	0	4	1		9
	七绝	0	5	8	1	17		31
	六绝	0	0	1	0	0		1
	雅诗		13			2	1	16
合计		4	98	14	8	37	2	163

对表1数据稍加梳理，可以看出以下几个特点：

其一，柳宗元在长安时所作诗仅寥寥4首，作地不明者2首，而在贬谪期所作即达157首，占全部诗作量的96%，可见南贬之后，是柳诗创作最旺盛的时期。

其二，在贬谪期四时段所存诗作中，永州时段98首，诏返时段14首，再迁时段8首，柳州时段37首。按百分比统计，此四时段存留诗分别占贬谪期存留诗的62%、8.9%、5%、23.5%。可见，永州时段是柳宗元创作的顶峰时段，柳州次之，诏返、

[①] 表中诗歌创作时期参考王国安《柳宗元诗笺释》之系年，而略有变化；同时参考下定雅弘《柳宗元——生活于逆境的美丽灵魂》（勉诚出版社2009年版）第225页之表1，但诗歌总数及各时期、各诗体之数据均有所不同。

再迁又次之。

其三，就柳诗所涉诗体数量多寡而论，依次为五言古诗（61）、七言绝句（31）、雅诗歌曲（16）、七言古诗（15）、七言律诗（12）、五言律诗（10）、五言绝句（9）、五言排律（8）、六言绝句（1）。其中五古和七绝是柳宗元最喜用的诗体。

其四，各诗体在不同时段的数量颇不相同，呈动态变化之趋势。如永州期所作五古最多，达55首，但到了诏返、再迁和柳州时期，便急剧减少，分别仅为2、1、2首；七古、五排亦如之，分别从永州时的10首、6首减为后三期的2首、1首；与这种递减相比，七律、五律、七绝诸诗体却呈不同程度的增长态势，其中七律、七绝势头最猛，分别从永州时的2首、5首激增至后三期的10首、26首；五律则由前期的3首增至后期的7首。

对以上诸点稍作归纳，似可得出以下规律性的认识：宛如一座分水岭，贬谪一方面导致了柳宗元的政治厄运，另一方面也为他带来了诗歌创作的繁荣；在长达14年的贬谪生涯中，柳宗元的创作高峰出现在永州时段，其最擅长的诗体是五言古诗；而随着贬谪时间的延续，到了北返、南迁和柳州期，柳宗元对诗体的喜好则发生了从古体到近体、由长篇到短篇的显著变化，其中尤以七律、七绝的增加最为突出。

二、两大表述类型与古近体诗的关联及变化

在柳宗元现存163首诗中，如果将考察范围缩小到贬谪时期（即不包含长安时期和作地未明的6首诗作），并除去《平淮夷雅二篇》《唐铙歌鼓吹曲十二篇》《贞符》15首（《视民诗》已含于前计作地未明诗中）旨在颂德歌功而较少个体性情的雅诗歌曲，则共得古近体诗142首。这142首诗作，根据其主要功用和表述方式，大致可分两种类型：一种是写给别人看的，一种是写给自己看的；前者多用于应酬交际，后者多用于自咏慰情；前者可称为酬赠诗，后者可称为独白诗。①值得特别关注的是，这两种类型的诗作所用诗体颇不相同，并在谪居前后期表现出数量上的显著变化。为明晰便利计，仍依前表基本格式，将这142首作品按创作时期、体裁列表展示，看其与独白、酬赠两种类型的对应关系。

① 独白是小说叙事理论中的概念，有学者从传播学角度将之引入，并作为中国诗歌的一种表现形态。（参见戴伟华《独白：中国诗歌的一种表现形态》，《中国社会科学》，2003年第3期。）一般来讲，独白诗须有两个限制：一、创作活动是独自的、秘密的，而非公开的；二、抒情和对话的对象是在心灵中潜在的、隐藏的，而非现实中明确所指的人物。总的来说，它是情绪世界的自我玩赏，不需要把信息传递给他人，也不需要读者的介入，是一种自言自语、私人化的创作行为。（参见尚永亮、刘磊、洪迎华《中唐元和诗歌传播接受史的文化学考察》上卷第一编第三章第三节，武汉大学出版社2010年版。）

表2　柳宗元诗两大类型与贬谪各期各诗体对应表

地点 诗体　　类型		永州		诏返		再迁		柳州		合计
		独白	酬赠	独白	酬赠	独白	酬赠	独白	酬赠	
古体	五古	49	6	2		1			2	60
	七古	9	1					1	1	12
近体	五排		6						1	7
	五律	1	2		3			1	3	10
	七律		2			1	1	2	6	12
	五绝	4				2	2	1		9
	七绝	4	1	2	6		1	2	15	31
	六绝				1					1
合计		67	18	4	10	4	4	7	28	142

对表2所示数据可从三个方面予以分析：

从类别来看，柳宗元贬谪期内所作独白诗82首，[①]酬赠诗60首，分别占贬谪期两类诗总数（142）的57.7%、42.2%，前者比率远超后者。而在82首独白诗中，古体诗62首（五古52，七古10），近体诗20首（五律2，七律3，五绝7，七绝8）；古体数量是近体的3倍有余。至于60首酬赠诗，所含诗体又很不相同，其中古体10首（五古8，七古2），近体50首

---

① 判断独白诗的标准，一是诗题，一是内容。就实际情况看，柳宗元若干诗作虽于题面提及他人，如《与崔策登西山》《段秀才处见亡友吕衡州书迹》等，但不能说明作者有应酬的目的或其诗一定进入了好友的阅读视野，因为诗作完全有可能是诗人在事后独自一人的时空环境下完成的。但为避免臆测，我们还是将之列入酬赠诗范围。

（五排7，五律8，七律9，五绝2，七绝23，六绝1），近体为古体的5倍，情形与独白诗正好相反，由此形成明显的反差。

从时期来看，永州时段为独白诗的全盛期，各体此类诗作67首，是酬赠诗（18）的三倍有余；而至诏返、再迁时段，独白诗急剧减少（8首），酬赠诗开始增多（14首）；到了柳州时段，独白诗仅7首，酬赠诗则达28首，在数量上是前者的4倍。由此可知，永州、柳州时段分别形成独白、酬赠诗作的两大高峰。

从诗体来看，古体诗几乎为独白诗所专擅，其中尤为突出的是五言古诗。以永州时段为例，五古而属独白者即达49首，占此期两类诗总和（85）的57.6%，占全部五古（60）的81.6%。七古整体数量虽不及五古，但在12首的总数中，永州时段即高达10首，其中属于独白者则有9首之多。可见在柳宗元那里，五言、七言古诗是最便于独白的诗体，而永州时段，则是这种诗体与独白结合最为紧密的时期。与古体诗多用于独白相比，近体诗在很大程度上与酬赠诗结缘。在几种主要近体中，五排、五律、七律、七绝诸体诗的总数分别为7、10、12、31首，而属于酬赠诗者即分别为7、8、10、23首，所占比率分别为100%、80%、83%、74%，其中以五排、七律所占比例最高。

再以柳州时段为例，28首酬赠诗中，仅有3首为古体，其余25首皆为近体，而七绝、七律即各占15首、6首，可见近体诗与酬赠诗之紧密关联，及其在柳宗元贬谪后期的一枝独秀。

综上所析可知：在柳宗元贬谪生涯中，主要创作于永州、以五七古为载体的独白诗在数量上占据优势地位，而随着时间的推移，到了诏返、再迁和柳州期，独白诗急剧减少，酬赠诗大量增加，而酬赠诗的载体几乎为清一色的近体诗，就中尤以七绝、七律、五律、五排为多。

三、诗体与类型偏好的主客体原因

一般而言，写心明志、兴寄咏怀多用古体，寄赠交往、展示才艺多用近体；述往思来、表现复杂深曲的情感纠葛多用古体，触景生情、呈露当下之感怀和单纯之体验多用近体。这种情形，到了中唐时期，已大致形成诗人创作的一个习惯，柳宗元自不能例外，由此亦可初步解释柳宗元创作中独白多古体、酬赠多近体之缘由。但与常人相比，柳宗元对诗体的选择又存在一种特殊的偏好，且不说古、近体两类诗在其谪居前后期存在着数量上的巨大反差，即以前期的永州时段论，大量使用古体以独白，偶尔使用近体以酬赠，也已达至一个近于极端的境地。柳宗元诗歌创作中此一现象，既构成其异于常人的独特性，也逼迫研究者潜下心来，认真探索这种差异的深层原因，对柳宗元创作倾向与其生存处境、心理态势、诗体偏好等关联给出一个合理的解释。

我们首先要解决的问题是：柳宗元在永州时何以独钟情于独白诗？这些独白诗之载体何以多为五七言古体？从主客体方面考察，大致存在如下几点原因：

第一，政治打击造成了柳宗元极度的精神痛苦，形成其抒悲泄怨的强烈冲动，而罪人的身份和高压的气氛，既限制了他的人际交往，又形成其公开言说的巨大障碍。就政治形势言，永贞革新失败，柳宗元等八司马被贬，朝廷一年之中四度降旨①，并特别申明："左降官韦执谊、韩泰、陈谏、柳宗元、刘禹锡、韩晔、凌准、程异等八人，纵逢恩赦，不在量移之限。"② 就生存处境言，柳宗元到达永州后深感压抑、屈辱："俟罪非真吏，

① 这里说的"四度降旨"，指永贞元年九月至十一月八司马被贬时的贬诏、元和元年正月的改元大赦、六月的册皇太后大赦和八月"纵逢恩赦，不在量移之限"的诏令。见《旧唐书》卷一四《宪宗纪上》。

② 《旧唐书》卷一四《宪宗纪上》，中华书局1975年版，第418页。

翻惭奉简书"（《韦使君黄溪祈雨见召从行至祠下口号》）、"沉埋全死地，流落半生涯。入郡腰恒折，逢人手尽叉"（《同刘二十八院长述旧言怀感时书事奉寄澧州张员外使君五十二韵之作因其韵增至八十通赠二君子》）、"独被罪辜，废斥伏匿。交游解散，羞与为戚，生平向慕，毁书灭迹。他人有恶，指诱增益；身居下流，为谤薮泽。"（《答问》）凡此种种，使他虽具有强烈的情感发泄的冲动，却不敢以之示人，故诗歌创作大量采用独白方式自明心曲。

第二，贬地的荒远僻塞和文化人的稀少，导致交流条件的欠缺："自吾居夷，不与中州人通书"（《读韩愈所著〈毛颖传〉后题》）；即令偶有与朝中亲友书信，亦反复叮咛："相戒勿示人。"（《与李翰林建书》）身处被抛弃、被拘囚般的环境，沉溺于忧郁苦闷、不与世接的冷漠状态，不能不使柳宗元因旷日持久的外在压抑和自我压抑，遭受到与外在世界强迫性疏远的"时间的损伤"："远弃甘幽独"（《酬娄秀才将之淮南见赠之什》）、"寂寞固所欲"（《夏初雨后寻愚溪》）、"岁月杀忧栗，慵疏寡将迎"（《游石角过小岭至长乌村》），由此渐渐形成一种集苦闷、悲伤、忧愤于一体而又难以言状的精神空落感，一种自甘寂寞、疏于交游的内向化性格变异，一种在创作中自说自话而不愿示人的封闭倾向。

第三，古体诗是独白方式的最佳载体。与近体诗相比，古体诗无严格的格律限制，无须过度地雕琢刻画，诗体可长可短，自由灵活，最便于抒发深沉、复杂的思想感情，这对被贬永州、经历巨大人生落差、内心激愤波翻浪卷而亟欲抒发、不愿在形式技巧上花费心力的柳宗元来说，无疑是最佳的一种诗体。换言之，过于短小的近体诗难以承载作者极复杂丰富的感情郁积，而其对形式格律的多般讲求也必然会构成痛苦情绪直接抒发的某种障碍。于是，选择较少形式限制的古体，自说自话，抒怀写心，借以减轻精神的苦闷，遂使得古体与独白在这一层面针芥无违地吻合到了一起。

第四，与柳宗元谪居期内追慕陶、谢，自觉地追求古淡诗风有关。[①] 后人论柳诗，多将其与陶渊明、韦应物并论，[②] 或将其视作谢灵运的传人，[③] 说明柳诗与陶、谢诗确有相当之关联。

---

① 此点参考下定雅弘教授观点，参见其《柳宗元——生活于逆境的美丽灵魂》，勉诚出版社 2009 年版，第 225—227 页。

② 苏轼《评韩柳诗》："柳子厚诗，在陶渊明下，韦苏州上，退之豪放奇险则过之，而温丽靖深不及也。"（《苏轼文集》卷六七，中华书局 1986 年版，第 2109 页）

③ 元好问《论诗三十首》其二十："谢客风容映古今，发源谁似柳州深？朱弦一拂遗音在，却是当年寂寞心。"又，元氏《论诗三十首》其四诗下自注："柳子厚，唐之谢灵运；陶渊明，晋之白乐天。"（郭绍虞：《元好问论诗三十首小笺》，人民文学出版社 1978 年版，第 72、60 页）

虽然柳宗元在诗中并未明确提及诸先贤，但其多作五言古诗并力求清淡雅洁的诗风走向，却表明柳宗元已将效法目标锁定陶、谢。需要说明的是：这类自觉追慕陶、谢的五言古诗，于元和四、五年后渐趋增多。此前，诗中情感以悲愤哀怨为主，格调多激切劲峭；此后，则呈现出明显的苦闷消解倾向，格调趋于纡徐淡泊。这种情形，与柳宗元对往事的反思、对先贤的效法、因谪居渐久而形成的环境适应以及内在心理的自觉调适，均有一定关联，而在表现形态上，仍是此前独白诗的延续。

我们接着要解决的，是关于酬赠诗的问题。酬赠诗与独白诗是相反相成的一对矛盾。了解了独白诗在永州时段独盛的上述原因，也就不难对此期酬赠诗之稀少作出一个大致的判断。但具体说来，在创作动机和诗歌艺术层面，柳宗元的酬赠诗还存在如下几个特点：

第一，柳宗元在永州的近体酬赠诗多为被动应酬之作，也就是说，他人是原唱者，柳宗元是应答者，别人以近体诗寄赠，柳宗元自应以近体诗酬答，只有这样，才能于礼尚往来之际，既尊重对方，又不落下风。如用以酬赠的6首五言排律，属被动应酬者就有4首，即《酬韶州裴曹长使君寄道州吕八大使因以见示二十韵一首》《酬娄秀才寓居开元寺早秋月夜病中见寄》《酬娄秀才将之淮南见赠之什》《同刘二十八院长述旧言怀感时书事奉寄澧州张员外使君五十二韵之作因其韵增至八十通赠二君子》；同样用于酬赠的七言律诗2首，1首为被动应酬之作，即《同刘二十八哭吕衡州兼寄江陵李元二侍御》。

第二，柳宗元用近体以酬赠，多表示客气、郑重或尊敬之意。近体诗尤其是五、七言律诗，其篇制皆为八句，显示出一种规则；声韵上要求合乎平仄韵律，中二联讲求对仗，呈现一种仪式和法度；至于其他方面，若起承转合、多用典故、选词精严等，均表现出一种典雅气象。在柳宗元这里，近体与古体有若厅堂与内室，其待人与处己之功用是颇有分别的。大概正是这种分别，导致一向不重诗文、将之视为"博奕之雄"的柳宗元，[①]在与有一定身份者交往时，往往要选择较古体诗更为讲究、更显体面的五七言律排，并在上面下一番功夫。如送方外之交的名僧时，便以《送元暠师诗》的五律示人，表现必要的客气；用以酬赠永州刺史崔能的《从崔中丞过卢少府郊居》，则出之以七律，以示郑重；而寄赠岳父兼朝廷大僚之杨凭的

---

① 在《答吴武陵论〈非国语〉书》中，柳宗元曾谓："仆之为文久矣，然心少之，不务也，以为是特博弈之雄耳。故在长安时，不以是取名誉，意欲施之事实，以辅时及物为道。自为罪人，舍恐惧则闲无事，故聊复为之。"

《弘农公以硕德伟材屈于诬枉左官三岁复为大僚天监昭明人心感悦宗元窜伏湘浦拜贺未由谨献诗五十韵以毕微志》诗，则是长达五十韵的五言排律，借以表示尊敬。联系到同时期所作古体酬赠诗，如《初秋夜坐赠吴武陵》《零陵赠李卿元侍御简吴武陵》等，所赠与的对象吴武陵、李深源、元克己等人皆为谪居零陵的放臣迁客，柳宗元与之命运相同，心理情感上颇为接近，故径用古体酬赠，既可更好地宣泄情感，又省去了虚与委蛇的麻烦。二者相较，其间的差别是不难察知的。

第三，柳宗元用以酬赠的近体诸作虽不无缺憾（后言及），但总体看多凝练精严、用韵奇险，显系深心大力的精思结撰，不无示人以才学的目的。其五、七言律诗之词旨清峻、用典繁复贴切，言者已夥，此不赘论；即以前引五言排律为例，其《酬韶州裴曹长使君寄道州吕八大使，因以见示二十韵》有序云："韶州幸以诗见及，往复奇丽，邈不可慕，用韵尤为高绝。余因拾其余韵酬焉。凡为韶州所用者置不取，其声律言数如之。"言外之意，盖谓对方用韵已然高绝，而己之酬作因"拾其余韵"，则功力无疑更胜一筹。前人评此诗曰："尤见奇险之功"[①]、

---

① 曾吉甫《笔墨闲录》，《柳宗元集校注》卷四二，中华书局，2013年10月，第1版，第2725页。

"拾余韵格，前所未有，此亦只是斗险"①、"观小序专以用韵见奇，然裴之所用者平，而公之所用者险，非大手笔不能如此雅驯"②，都指明了这一点。再如其《同刘二十八院长述旧言怀感时书事奉寄澧州张员外使君五十二韵之作因其韵增至八十通赠二君子》，从诗题即可知，刘之原唱已长达五十二韵，而柳之酬和更添至八十韵，且用向称险韵的麻韵，则"篇长韵险，逞其学问"③、"奇语错出，足见其才锋，虽然，此等诗徒在斗奇"④的倾向已很明显了。这种倾向，一方面固然是诗歌艺术的争难斗险所致，另一方面，也在深层展示了柳宗元创作追求完美、追求极致的倾向。而这样一种追求，只能在与人交往的酬赠之作中、在讲求形式韵律的近体诗中，才能得到最好的表现。由此可知，柳宗元关注的主要对象虽不是艺文，但在"舍恐惧则闲无事"的谪居日子里，他还是在艺文技巧上花费了不少精力的。如果探查一下柳宗元的创作心理，是否可用"不作则已，作便惊人"来概括？

　　以上三个方面，既可以说是柳宗元酬赠诗的特点，也可以

---

① 孙月峰《评点柳柳州集》卷四二，中华书局，2013年10月，第1版，第2725页。
② 汪森《韩柳诗选》，同上，第2726页。
③ 谢榛撰：《四溟诗话》卷一，中华书局1985年版，第3页。
④ [日]近藤元粹评订《柳柳州诗集》卷二，光绪三十一年（1905），青木嵩山堂版。

视为其创作酬赠诗的原因。总体而言，这些诗作不以量取胜，而以质赢人；不只承载情感，更展示才学和技巧，从而形成与同期以古体为主的独白诗既相关联又颇不相同的风貌。

四、两大表述类型与古近体诗发展嬗变的制导因素

从前列表1、表2所示相关数据，可以看出柳宗元两大类型诗先后嬗变之大致情形：用以独白的古体诗前盛后衰，在永州独行其道，至柳州则近乎绝迹；用以酬赠的近体诗反其道而行之，前衰后盛，在永州如散兵游勇，偶一为之；至柳州则诸体兼擅，遍地开花。其所以会形成如此明显的变化和落差，仔细想来，大概与以下几种因素相关：

其一，缘于生存处境和心理态势的变化。柳宗元谪居永州十年，其诗在风格上虽有如前所述由悲愤激切向淡泊纡徐的变化，但总体而言，其身为州司马，"官外乎常员"（《永州法华寺新作西亭记》）的地位未变；"积十年莫吾省者兮，增蔽吾以蓬蒿"（《囚山赋》）的处境未变；"吾缧囚也，逃山林入江海无路，其何以容吾躯乎"（《答问》）的苦闷未变，因而，其多用

古体诗以独白的创作行为也就难以真正改变。然而，元和十年初召返京城的朝廷诏令，顷刻间改变了柳宗元的处境和心境，使他这位"四千里外北归人"真切感受到了"驿路开花处处新"（《诏追赴都二月至灞上》），精神由内向的封闭一转而为外向的发越；而友人的送别及与刘禹锡的并辔北进，更增加了他酬赠诗创作的机会和热情。试看其北返月余时间所作的诗，用于独白的古体仅2首，而用于酬赠的近体猛增至10首，二者相差已是5倍。由此不难看出，处境、心境之改变对于诗体、类别之改变的巨大促进。

与诏返之喜悦心情比，再度南迁、出刺柳州无疑导致柳宗元心情又一次陷入苦闷。然而，与初贬永州相比，迁柳之行又有不同：一是地虽远而官已进，由此前的司马升为刺史，不幸中多少有所慰藉。二是较之十年前携母经蓝武驿道仓皇南行，此次经两都驿道，①三月离京六月底至柳，路途之平坦、时间之宽松，使得心态相对平和。三是与刘禹锡同行，至衡阳分别，两位"二十年来万事同"的老友一赠二赠至于三赠，这是导致南迁途中酬赠诗数量攀升的主因。四是此次迁柳，一方面几乎

---

① 参见尚永亮《柳宗元刘禹锡两被贬迁三度经行路途考》，《唐代文学研究》第7辑，广西师大出版社1998年版。

断绝了柳宗元再次回朝的希望，使其心态较之永州时段，少了对希望的追求，多了对失望的咀嚼，少了一种初遭贬谪的愤激和纠结，多了一份久经磨难后的苍凉和淡然；另一方面，作为柳州一地的最高长官，他不必再看别人脸色，而可以放开手脚做些惠民的事业，由此导致他总体苍凉的心态中也包含些许自得和宽慰。由于这两方面的原因，柳宗元的心境已一变永州时的复杂纠结，而向着较淡然和单纯的方向发展；他虽然还需要借独白诗以宣泄悲怨、自我宽慰，但这种独白诗的载体已可由短小简洁的近体律绝来完成，而不必一味借助于多表现复杂情感的古体了。

其次，缘于交往面的扩大。柳宗元刺史柳州，全面负责军政各方事务，较之永州时所任"官外乎常员"的司马来，无疑忙碌了许多，充实了许多。至于迎来送往、吊死问伤、宴客陪宾、唱和应答，无论自愿或不自愿，总是要做的。据表2所列数据可知，柳宗元谪居永州十年，所作酬赠诗仅18首，年均不足2首；而刺柳四年，所作酬赠诗共28首，年均7首，相比之下，后者较前者年均多出三倍有余。进一步看，柳州的28首诗中，主动寄赠者21首，被动酬答者7首，较之永州所作近体多被动酬答的情况，柳宗元史显示出一种对外交往的主动性。由此而言，柳州时期的作者，已具备了创作酬赠诗所需要的各种主客观条件，他只需借近体律绝放手创作便是。由此，自然导致柳州时段近体诗、酬赠诗的同步飙升。

其三，缘于诗人近体诗艺的日趋成熟及其喜好的转向。据前列表1所示，柳宗元谪居永州十年，共有古体诗65首，近体诗20首；诏返、再迁及居柳四年，共有古体诗7首，近体诗50首。两相比照，固然可以得出柳宗元贬谪前期多古体、多长篇，后期多近体、多短篇的结论；然而，从深层次看，这样一种情形不也印证了柳宗元在诗体喜好上的变化么？也就是说，因为诗人前期偏好古体，故五、七古诗篇位列前茅；后期偏好近体，故五、七言律绝大行其道。尽管这种个人喜好的变化并非柳宗元诗体前后嬗变的唯一原因，但毫无疑问可以认为，个人喜好的改变是导致不同诗体数量消长起伏的关键所在。因为不可想象，一种作者不喜好的诗体会频繁出现在作者的笔下。

人的爱好是一个逐渐变化的过程，而导致其爱好发生变化的主因，既在于客体示人以可爱的质素和色相，更在于主体对客体的熟稔和驾驭。就近体诗而言，短小、灵活、便于创作，是其相较于古体所具有的优势；而就五言律绝和七言律绝论，后者因句、篇字数的增多和音节的延长，更具包容量大、抒情畅达、富于咏叹意味等特点。这样一种特点，似乎并未完全引起永州时期柳宗元的关注，这从他此一时段所作五、七言律绝分别仅为3、2、4、5首的数量可以看出；而在艺术表现上，若干诗篇距高标准尚一间有隔，如七绝《闻籍田有感》之稍嫌生涩，五律《旦携谢山人至愚池》之"不纯于律"①，七律《从崔中丞过卢少府郊居》二、三联每句第五字之板滞少变，等等即是。然而，此期的创作实践毕竟为柳宗元熟悉近体打下了基础，而他同期也还另有一些成功的近体作品，如七律《同刘二十八哭吕衡州兼寄江陵李元二侍御》、五律《梅雨》等，或"使事甚切而且化"②、"哀挽诗中最为得体"③，或"高古蕴秀"④、"颇有气格，可驾中唐"⑤。这些评说，表明柳宗元一定程度上已能成功驾驭此种诗体，并达到较高的水准。而创作上的成功，必然反过来刺激他的创作热情，并在时机成熟时，促使他对同类诗体的不断实践和勇猛精进。

北返和南迁给柳宗元带来了大量创作近体诗的机会：心情

---

① 方回编：《瀛奎律髓》卷十四，上海古籍出版社1993年版，第147页。
② 蒋之翘《柳集辑注》卷四三，《柳宗元集校注》卷四二，中华书局2013年版，第2795页。
③ 黄周星《唐诗快》卷十一，同上。
④ 周珽《唐诗选脉会通》引，《柳宗元集校注》卷四三，中华书局2013年版，第3042页。
⑤ 蒋之翘《柳集辑注》卷四三，同上。

和处境的改变，使他具备了用近体写酬赠诗的主观愿望；途旅鞍马劳顿，时间匆迫，使得近体诗成了他表情达意最方便的工具；与精熟近体的好友刘禹锡同往返，给他提供了借近体以相酬和的绝佳条件。于是，在北返、南迁短短半年的时间中，柳宗元仅作了3首古体，却一气写下19首近体，显示了他对古、近体态度的极大转变，以及他对近体的日趋熟稔和喜好。而在所作近体中，七绝最多，达9首；其余依次为五绝4首、五律3首、七律2首。这种情况，又说明七绝已成为柳宗元最擅长的表情载体。

完全疏远古体而拥抱近体，是在柳州时段。在居柳的四年中，柳宗元仅作了4首五、七古体，其他31首全为近体，由此可见柳宗元对近体诗的偏好已达极致。而在这31首近体诗中，五排、五律、五绝分别为1、4、1首，七律、七绝则分别为8、17首，两相比较，说明前者地位已大大下降，后者地位得到极大提升。也就是说，在柳宗元谪居柳州的后期生涯中，经过反复的创作实践和探索，七绝和七律已成了他的最爱，他的艺术才能也在这两种诗体上得到了全方位的展现。以柳宗元诗歌之名篇论，据笔者对古今46种最具影响力之选本所收柳诗统计，其中被选录10次以上的柳诗共12首，除6首五古和1首五绝外，余皆为七绝和七律，而且这些七言律、绝全部作于柳州。若按其入选次数排名，则依次为《登柳州城楼寄漳汀封连四州》（七律）28次、《酬曹侍御过象县见寄》（七绝）22次、《别舍弟宗一》（七律）19次、《柳州二月榕叶尽落偶题》（七绝）19次、《与浩初上人同看山寄京华亲故》（七绝）14次。^① 这些名篇，是经过古今选家大浪淘沙般地淘洗筛选而形成的，自有其相当的可信度。再以专选五、七言律诗的《瀛奎律髓》为例，方回在该书卷四选录柳宗元《登柳州城楼寄漳汀封连四州》《柳州寄丈人周韶州》《得卢衡州书因以诗寄》《岭南江行》《柳州峒氓》诸诗，高度评价道："柳柳州诗精绝工致，……此五律诗，比老杜则尤工矣。杜诗哀而壮烈，柳诗哀而酸楚，亦同而异也。"^② 谓柳诗工于老杜，曾引起很多人的争论，可以不去管它，但从这段话不难看出，在著名诗评家眼中，柳宗元柳州时期的律诗至少已达到炉火纯青的境地，并在中国律诗史上，占据着一席重要的地位。

以上所论，似都与柳宗元谪居后期所发生的诗体爱好转

---

① 参见尚永亮、洪迎华：《名篇与选本——以元和十大诗人被选诗为中心的定量分析》，《学术论坛》2010年第9期。

② 方回：《瀛奎律髓》，上海古籍出版社1993年版，第53页。

向，与他随着这种转向倾全力于近体诗的创作紧密相关。否则，我们很难想象，一位曾在被贬前十年全力创作古体诗，并被后人视为可与陶、韦并论的诗人，能在他人生的最后四年中，将近体诗特别是七言律、绝提升到如此精纯的高度。

柳宗元书法造诣与承传论略

柳宗元是中唐著名文学家、思想家，同时也是颇有造诣的书法家。关于前者，人已熟知，相关论著亦已汗牛充栋；关于后者，却知者不多，更乏深入之研究。考其原因，约有二端：一是柳宗元文名太高，书名或为之所掩；二是其书法作品罕有传世者，世人无由睹其真貌。缘此之故，遂致精光遮蔽，谭艺有阙。本文搜检史料、梳理脉络，拟在前人基础上，择其学书经历、书友交往、论书诗作、书法渊源与承传诸端稍予论略，以期书家柳宗元之风貌得以有所呈现。

一、早年"工书"与书法交往

柳宗元早年即嗜书、识书、工书,这在他涉及书法的为数不多的几篇文章中有所透露。如《报崔黯秀才论为文书》云:

> 凡人好辞工书者,皆病癖也。吾不幸蚤得二病。

据此可知,他的"工书"不仅"蚤"(按:即"早"),而且非常痴迷,宛如"病癖"。早到什么时间呢?这由两则材料可以推知:

其一,《亡姊崔氏夫人墓志盖石文》谓:"夫人……善隶书,为雅琴,以自娱乐,隐而不耀。"[①]这里的崔氏夫人,即嫁给崔简、卒于贞元十八年的柳宗元长姊,其特长之一是擅长隶书。而柳宗元自幼即与其姊"居京城西田庐中",在"太夫人教古赋十四首,皆讽传之"[②]的同时,无疑也会受到长姊的书法影响。因而,他对书法特别是隶书的爱好可能在少年时代就养成了。

---

① 尹占华、韩文奇:《柳宗元集校注》,中华书局2013年版,第844页。
② 柳宗元《先太夫人河东县太君归祔志》,见《柳宗元集校注》卷十三,第826页。

其二，《与吕恭论墓中石书书》云："仆蚤好观古书，家所蓄晋魏时尺牍甚具，又二十年来，遍观长安贵人好事者所蓄，殆无遗焉。以是善知书，虽未尝见名氏，亦望而识其时也。"①该文作于元和四年（809），据其"二十年来"一语上推，二十年前为贞元五年（789），其时柳宗元十七岁，初入科举之途，次年参加省试。如此看来，至迟在进士试之前，柳宗元即与书法结缘，不仅有家藏"甚具"的"晋魏尺牍"朝夕相伴，而且于此后"遍观长安贵人好事者所蓄"之书法藏品，以至"殆无遗焉"。大概正是这样一种长期的观摩、熏陶、习练、辨识，使得年轻的柳宗元既善书又"善知书"，即使不知作者姓名，亦可据字之形貌定其年代。

进一步看，《与吕恭论墓中石书书》针对吕恭托人送来的一方墓石拓片，辨析指出："今视石文，署其年曰'永嘉'，其书则今田野人所作也。虽支离其字，犹不能近古。为其'永'字等颇效王氏变法，皆永嘉所未有。"这里，柳宗元将一方被视为四百多年前之"石书"指认为"今田野人所作"的赝品，其依据之一，便是石书中"永"字乃王羲之变汉魏质朴古拙为自然流美书风后之产物，而非永嘉（307—313）时期所当有。

---

① 《柳宗元集校注》，中华书局2013年版，第2074页。

这种判断，既需要丰富的历史文化知识，更需要"观千剑而后识器"的眼光。孙琮《山晓阁选唐大家柳柳州全集》卷一谓："柳宗元可为神鉴。"焦循批《柳文》卷四亦云："非见多不能辨识也，于此文可知柳子辨古之识。"[①] 凡此，均见出柳宗元于文史、书法方面久所蓄积的素养和功力。

柳宗元早年既已"工书""善知书"，则其在永贞元年（805）遭贬离开长安前必有相应之书法交往。如所熟知，刘禹锡作为其"二十年来万事同"的挚友，早在贞元九年（793）即与柳宗元同榜进士，此后又同于贞元十九年（803）任职御史台，并于两年后的永贞元年（805）一起参加了王叔文领导的革新运动，其间交往甚密。更重要的是，刘禹锡也喜书善书，并作《论书》一文，力驳"书足以记姓名而已"的观点，认为书居六艺之一，既宜求工，更宜求居上品。[②]《书史会要》卷五谓刘禹锡"工文章，善书"；卢携《临池妙诀》载其与柳宗元同学书于皇甫阅，一为"及门"，一为"入室"，可见二人书法同出一门，旨趣相合。今刘集有《谢柳子厚寄叠石砚》一诗，开篇即

---

① 见《柳宗元集校注》卷第三十一《集评》，第2078—2080页。

② 刘禹锡《论书》，瞿蜕园《刘禹锡集笺证》卷二十，上海古籍出版社1989年版，第537—538页。

云：“常时同砚席，寄砚感离群。”所谓“同砚席”，或指其自贞元九年进士试以来之共同经历，或指二人同学书法于皇甫阅之往事；所谓“感离群”，当指二人因事分离，柳赠“叠石砚”予刘，以寄离思，并寓用功书法的劝勉之意。据陶敏《刘禹锡全集编年校注》考证，此诗为“贞元十五年或稍前作”，因“禹锡贞元十六年免父丧，入杜佑徐泗、扬州幕”；而自二人同登第后，“柳丁父忧，贞元十二年方应博学宏词科，时刘又请告东归，故有‘离群’之叹”。[①] 这就是说，此诗大抵作于贞元十二年至十五年之间。倘此一系年无误，则柳、刘早在贞元前、中期二十余岁时，便已有了在书法上的交流、切磋和砥砺。

在现存极少的相关文献中，还有一条柳宗元与日本留学生橘逸势交流的记载值得重视。[②]据撰于仁安元年（1166）之《续群书类从·橘逸势传》载：橘逸势等人“留住唐国，历访名哲，受业学之。唐中文人呼为橘秀才”[③]。这里只说橘逸势在唐时“历访名哲”，尚未提及与柳宗元的交往；而据沈曾植《海日楼札丛》卷八《日本书法》引《杂家言》谓：“日本书法，始盛于

---

① 陶敏、陶红雨：《刘禹锡全集编年校注》，岳麓书社 2003 年版，第 12—13 页。
② 按：橘逸势，新、旧唐书《东夷传》及《册府元龟》《文献通考》等皆作“橘免势”，而日本《文德实录》《续群书类从》等文献均作“橘逸势”，今从之。
③ 《续群书类从》第八辑上《传部》卷一九一，《续群书类从》完成汇编，1927 年 6 月。

天平之代，写经笔法有绝妙者。……释空海入唐留学，就韩方明受书法，尝奉宪宗勅补唐宫壁上字。所传执笔法腕法有：一、枕腕，小字用之；二、提腕，中字用之；三、悬腕，大字用之。橘逸势传笔法于柳宗元，唐人呼为橘秀才。"① 便具体涉及了空海、橘逸势的师法对象，即韩方明、柳宗元。

据考，空海、橘逸势等于日本桓武天皇延历二十三年（804）三月癸卯奉敕渡海赴唐，并于是年底到达长安。而这一年为唐德宗贞元二十年，其时柳宗元正任监察御史里行之职，应是有充分条件与橘逸势相识并交往的。至于空海受法之韩方明，为柳宗元同时人，② 于书法理论特别是用笔之法颇有心得，曾撰《授笔要说》，自谓"昔岁学书，专求笔法。贞元十五年授（按：当为"受"）法于东海徐公璹，十七年授法于清河崔公邈"③。则其传授笔法于空海，当属可信。另查《新日本书道史》《中田勇次郎著作集》之《橘逸势》《日本书道辞典》，均记述橘逸势向柳宗元学书事，后者更引《弘法大师书流系图》

---

① 沈曾植《海日楼札丛》卷八，上海古籍出版社 2009 年版，第 338 页。
② 现存韩方明资料甚少，除其自述贞元十五年、十七年受法于徐璹、崔邈外，《集古录》尚载宝历元年（825）八月所立《唐新开隐山六洞记》为"唐都防御判官侍御史内供奉吴武陵撰，防御衙推韩方明八分书并篆额"。（《宝刻丛编》卷十九引）可知其卒年在柳宗元之后。
③ 《御定佩文斋书画谱》卷三，文渊阁《四库全书》本。

谓："橘逸势受书法于柳宗元。"①尽管著者对其事之准确度未下定论，但在原始资料阙如的情况下，以上文献将橘逸势学书的对象指认为柳宗元而不是其他书家，似已透露出通过先后传承而延续下来的历史信息。倘若据此作一依据尚不充分之推论，则认为橘逸势、空海在居留长安的一段时间里，曾分别向柳宗元、韩方明等学习书法，而且都取得了不俗的成就，似大抵可得其仿佛。据成书于阳成天皇元庆三年（879）的《日本文德天皇实录》卷一载：橘逸势"犹妙隶书，宫门榜题，手迹见在"②。这条史料，一方面说明橘逸势隶书精湛，曾题额宫门；另一方面，也与前述文献互为补充，为橘、柳二人在书法特别是隶书一体上的交流提供了一个旁证，为中日书法交流史留下一段佳话。

二、南贬后之书法精进与柳刘论书诗

永贞元年（805），柳宗元因参与革新惨遭失败而被贬永

---

① 平山观月：《新日本书道史》，有朋堂，1961，第282页；中田勇次郎：《中田勇次郎著作集》第五卷，二玄社，1985，第361页；小松茂美：《日本书道辞典》，二玄社，1987，第282页。
② 藤原基经等纂《文德实录》，《增补六国史》卷八，朝日新闻社，1940。

州，从此在远离京城的南荒之地谪居十年。这十年中，身在逆境的柳宗元于品尝痛苦之余，一方面发愤为文，写出了大量哲学、文学精品；另一方面，在"舍恐惧则闲无事"（《答吴武陵论〈非国语〉书》）的日子里，自然会在他喜爱的书法一途上用心用力，以求精进。

需要注意的是，柳宗元此期的书法取向又有变化，在工于隶书的同时，他还兼擅章草，并逐渐以此名家。据与柳同时稍后的赵璘《因话录》载：

> 元和中，柳柳州书后生多师效，就中尤长于章草，为时所宝。湖湘以南，童稚悉学其书，颇有能者。①

这里说的"元和中"，自然是指柳宗元遭贬后置身永、柳二州的十余年时间；"尤长于章草"，说明柳宗元书体多样，而于章草最为擅长。所谓"章草"，唐张怀瓘《书断》谓其为"隶书之捷"②，即由隶书之简捷写法演变而成，存隶意而草化，虽草仍具法度，字字区别，不相勾连，运笔少顿挫而多圆转，是

---

① 赵璘《因话录》卷三，文渊阁《四库全书》本。

② 张彦远《法书要录》卷七引，文渊阁《四库全书》本。

盛行于东汉魏晋间的一种书体。宋黄伯思《东观余论》云："章草惟汉魏西晋人最妙，至逸少变索靖法，稍以华胜……隋智永又变此法，至唐人绝罕为之，近世遂窈然无闻。盖去古既远，妙指弗传，几至于泯绝邪！"[①] 由此可知，这一书体在唐代已不受人重视，书写者甚少。然而，对于"好观古书""家所蓄晋魏时尺牍甚具"而又"遍观长安贵人好事者所蓄"之书法藏品的柳宗元来说，取法先贤而不屑与俗俯仰，既是其独特心性所致，也与他早年即善隶书、具备写章草之基础有直接关系。因而，章草便成为他在谪居生活中自娱自乐、寄托心志的主要书体。又因柳宗元夙具书法功底，兼有过人的悟性，积以时日，锲而不舍，自然会于此体获得令人瞩目的成就。赵璘说他的章草"为时所宝"，以致"后生多效""湖湘以南，童稚悉学其书"，容或有夸大处，但作为当时人观察所得的现象，似不会距实过远。

与赵璘所说相印证的，是刘禹锡《答柳子厚书》中的一段话：

> 禹锡白：零陵守以函置足下书爰来，屑末三幅，小章书

---

① 黄伯思《论书八篇示苏显道》，《东观余论·法帖刊误》卷下，宋刻本。

仅千言。……余吟而绎之，顾其词甚约而味渊然以长。[①]

此文作于元和三年（808），其时谪居朗州的刘禹锡收到零陵刺史崔敏函，函中附寄了柳宗元书信及两篇新作，故刘禹锡有此回复。从文中表述看，柳宗元此信是用"小章书"即章草写成的；信笺尺幅不大（"屑末"），共三页，却多至千言（"仅"为多的意思，乃唐人习惯用法）。这里看似只是对一个事实的描述，而无优劣评判，但稍加寻绎即可发现，其中是寓有阅读者对书写者的敬佩之情的。因为要在寥寥三页的窄小信笺上用章草写出千言，必字小而密，且须清晰流畅，这是颇为不易的；而推测其实际情形，应是达到了赏心悦目之效果，否则，刘禹锡是不会在给书写者本人的信中专门提及信笺之大小、页数和字数的。同时，反复体悟"吟而绎之"、觉其"甚约而味渊然以长"数语，似可感觉到，其中说的不只是词意之味，也应包含书体之味。瞿蜕园笺注刘集指出："文中'小章书仅千言'合之外集卷七与宗元论书法诸篇，知禹锡深服其书法之精。"[②] 可谓知言。

① 瞿蜕园《刘禹锡集笺证》卷十，上海古籍出版社 1989 年版，第 265 页。

② 《刘禹锡集笺证》，第 267 页。

事实上，刘禹锡对柳宗元"书法之精"确是深有感触，并在不同场合多有表述。在现存柳、刘集中，共存二人论书诗凡8首，其中柳5首，刘3首；柳为首唱，刘为赓和。约作于元和十一年（816），时柳刺柳州，刘刺连州，盖为二人于迁谪逆境远途传递、借习书论书以慰羁思之作。下面，试将此唱和之作分为三组，先就与书法相关之诗意稍作梳理，而后对其疑难问题进行讨论。

第一组：柳作《殷贤戏批书后寄刘连州并示孟仑二童》："书成欲寄庾安西，纸背应劳手自题。闻道近来诸子弟，临池寻已厌家鸡。"刘作《酬柳柳州家鸡之赠》："日日临池弄小雏，还思写论付官奴。柳家新样元和脚，且尽姜芽敛手徒。"

此二诗盖为刘家子弟孟、仑二童临池习书，已不满足于刘所传示之书法样式，而转学柳书，故柳有"厌家鸡"之戏，刘有"柳家新样"之答。具体来说，柳诗首尾二句皆用庾翼、王羲之事。据载：庾翼书法少时与王羲之齐名，王后大有长进，庾颇不忿，在寄人信中说："小儿辈贱家鸡，皆学逸少书，须吾下，当比之。"[1]在此，柳宗元明以书法落败于王的安西将军庾

---

[1] 《南齐书》卷三三《王僧虔传》，中华书局1972年版，第597页。又，《南史》卷二二《王昙首传附僧虔传》所载同。

翼比禹锡，暗以技巧略高一筹的王羲之自喻，借小儿"厌家鸡"之典，不无诙谐地开起了对方的玩笑。对柳宗元的书法优势，刘是承认的，所以在和诗中说自己虽日日督促小儿临池学书，但毕竟有"柳家新样"摆在那里，因而便尽付小儿（姜芽敛手徒），听凭他们的选择了。[①]

第二组：柳作《重赠二首》，其一："闻道将雏向墨池，刘家还有异同词。如今试遣隈墙问，已道世人那得知。"其二："世上悠悠不识真，姜芽尽是捧心人。若道柳家无子弟，往年何事乞西宾。"刘作《答前篇》："小儿弄笔不能嗔，浣壁书窗且赏勤。闻彼梦熊犹未兆，女中谁是卫夫人。"《答后篇》："昔日慵工记姓名，远劳辛苦写西京。近来渐有临池兴，为报元常欲抗行。"

此组承前，诗意递进。柳之二诗先借汉代刘向、刘歆父子常意见不同、相互诘难，以及王献之对其父王羲之书法未必服气、每存竞胜心理事（参见《汉书·刘歆传》《晋书·王献之传》），喻指刘禹锡父子间之书法取向亦不无异同，借以回应刘

---

① 按："尽"：全部付予之意；"姜芽敛手"，比喻儿童细嫩小手握笔状。孙月峰评点《柳柳州全集》卷四二云："姜芽不得来历，疑即谓五指捉笔如姜芽状耳。"瞿蜕园解此句谓禹锡"不得不敛手矣"（《笺证》第1422页），恐不确。

诗"柳家新样"之说。继则扳转话头，谓当世识真者少，流俗尽皆随人之后捧心效颦，有如姜芽小儿，无复新创。刘诗一方面道及教习儿辈之辛苦，需赏勤罚懒，常加督促；一方面承接柳诗"西宾"之事，言及往年自己学书慵惰，如项籍所谓"书足以记姓名而已"（《史记·项羽本纪》），曾求柳宗元为书《西都赋》以示范；而今习书兴趣日增，故欲奋起直追。其中以"元常"即三国书法家钟繇比柳，借王羲之所谓"我书比钟繇当抗行"之典，[1] 表达他欲与柳宗元并驾齐驱之意。

第三组：柳作《叠前》："小学新翻墨沼波，羡君琼树散枝柯。左家弄土唯娇女，空觉庭前鸟迹多。"《叠后》："事业无成耻艺成，南宫起草旧连名。劝君火急添功用，趁取当时二妙声。"

这两首柳诗为二人论书诗的尾声，刘无和作，大概戏谑之意已尽，而柳诗观点又平正通达，刘遂无异议也。从前诗看，柳宗元夸赞刘家学书诸子如东晋谢家子侄之"芝兰玉树"（《世说新语·言语》），以此表达歆羡；又巧借左思"吾家有娇女……握笔利彤管"（《娇女诗》）诗意，不无自得地告诉对方：自家"娇女"也常练字，有时在庭院地面上便画将起来。

---

[1] 《晋书》卷八十《王羲之传》，中华书局 1974 年版，第 2100 页。

后诗则从正面立论：首句"事业无成耻艺成"，既包含因政治失败导致的失落之感，也不无因"艺成"而产生的对自己书法成就的肯定；次句追叙二人在朝共事、挥翰"起草"之经历。后二句劝告对方"火急"习练，尽快提高，以获取被古人艳称为"一台二妙"之卫瓘和索靖那样的声名。[①]

通过对以上三组诗意的简略梳理，我们大致可以看出这样几个要点：

其一，在离开长安、困居南荒的十余年中，柳、刘二人坚持书法习练，既教习子女，又以诗论书，由此可见他们对书法的爱好和重视。

其二，柳、刘主要习练之书体当为章草，这由柳诗标举之"二妙"可约略推知。据《晋书·卫瓘传》载：卫瓘"学问深博，明习文艺，与尚书郎敦煌索靖俱善草书，时人号为'一台二妙'。汉末张芝亦善草书，论者谓瓘得伯英筋，靖得伯英肉"。既然柳以善草书知名的卫、索二人为追求目标，则其偏于章草一体，自不待言。

其三，通过长期习练，柳宗元的书法水平不仅有了长足升进，达到"艺成"之境，而且不满流俗，多有创新，以致被刘谓

---

① 《晋书》卷三六《卫瓘传》，第1057页。

为"柳家新样元和脚"。同时，从二人诗中表述和流露的语气看，刘对柳之书法成就不无赞佩，而柳也无遑多让，言辞间充满自信。

那么，什么是"元和脚"呢？

对此，古今学人似乎都未能给出一个准确的答案，但其意大抵指元和年间书体的某种新变，则是无甚异议的。据《复斋漫录》载："'柳家新样元和脚'，人竟不晓。高子勉举以问山谷，山谷云：取其字制之新。昔元丰中，晁无咎作诗文极有声，陈无己戏之曰：'闻道新词能入样，湘州红缬鄂州花。'盖湘州缬、鄂州花也。则'柳家新样元和脚'者，其亦此类欤？余顷见徐仙者，效山谷书，而无己以诗寄之曰：'蓬莱仙子补天手，笔妙诗清万世功。肯学黄家元祐脚，信知人厄匪天穷。'则知山谷之言无可疑。最后见东坡《柳氏求笔迹》诗：'君家自有元和手，莫厌家鸡更问人。'其理虽同，但'手'字为异。"① 据此可知，宋人理解的"元和脚"，即是"字制之新"，或即指新变后的"捺"之笔画，盖因此笔甚像一只脚也。而所以称"元和"，亦因其新颖之故，犹如当时流行诗体之称"元和体"。至于明人杨慎认为"元和脚"是指"字变新样而脚则元和也，脚

① 《苕溪渔隐丛话》后集卷一一引，人民文学出版社1962年版，第77页。

盖悬针垂露之体耳"①，将此"脚"视为字中"竖"画之出锋（悬针）与不出锋（垂露）者，亦可聊备一说。当然，实际情况也可能正好相反，即字为旧体而"脚"则新样，故以"元和"冠名。

与此相关的问题是："元和脚"的发明者是谁？柳集旧注云："柳公权，元和间有书名，'元和脚'者，指公权也。"②这一说法对后世不无影响，以致一些学人常将柳公权与"元和脚"联在一起，甚至谓"柳家新样"指的是柳公权书法，"元和脚"是指柳宗元书法。③事实是否如此呢？答案应是否定的。因为首先，刘禹锡的《酬柳柳州家鸡之赠》是写给柳宗元的，联系前后诸诗看，都是围绕教习子弟及刘、柳二人关于书法的今昔因缘展开，其间有特定的话语情境，而与柳公权无干。其次，柳、刘二人与柳公权素乏交往。在现存柳集、刘集中，虽存有公权之兄柳公绰的若干信息，但找不到与公权相关的资料。④

---

① 《艺林伐山》卷一九，文渊阁《四库全书》本。

② 《柳河东集》卷四十三，中国书店，1991年版，第469页。

③ 见朱关田《中国书法史·隋唐五代卷》，江苏教育出版社1999年版，第183—188页。

④ 如柳集卷二四《送濬序》《代柳公绰谢上任表》；刘集卷十七《举开州柳使君公绰自代状》，均与柳公绰有关。另据《金石录》卷十，刘禹锡所撰《山南西道新修驿路记》《唐赠太师崔陲碑》，均由柳公权正书。但此二碑分别立于开成四年、会昌元年，其时禹锡已入老境。故不能以此证明二人早年有交游。

从其各自经历看，公权于元和三年进士及第，其后或在朝为校书郎，或在北地幕府为僚佐，直到长庆年间因受穆宗赏识才地位渐显，书名渐高；而柳、刘二人于三年前的永贞元年即已被贬离京，长期外放，既乏与公权交集之机缘，也因地理上的南北悬隔，未必详悉其书法成就。因而，刘在写诗给柳的时候，不大可能将小他数岁、素少联系且其时书名未彰的柳公权作为赞扬对象。清人何焯据《因话录》所载柳宗元、柳公权书法分别知名于元和、长庆之事认为："是子厚先擅书名于元和之证。且未有乞书于子厚而反称公权者也。注非。"① 瞿蜕园笺证刘集亦谓："公权以元和三年第进士，恐名位尚未甚隆，刘禹锡之意仍当指宗元，未必指公权。宗元与公权虽同出西眷房（据世系表），往还似少，行径亦殊，刘禹锡何至于宗元之前偏誉公权，喧宾夺主？"② 仔细想来，这些话说得不无道理，可以采信。再次，"柳家新样"与"元和脚"实为一体二名，前者是后者之说明，后者为前者之别称，其间不容割分。而且从刘诗所陈述的内容看，也丝毫找不到"柳家新样"指公权书法、"元和脚"指柳宗元书法的任何线索，因而，将"柳家新样元和脚"一分

① 何焯《义门读书记》卷三十七，中华书局1987年版，第668页。
② 《刘禹锡集笺证》，第1422—1423页。

为二，恐怕是不合适的。

既然如上所析，所谓"元和脚"乃"柳家新样"之别称，而此"新样"又专指柳宗元之书体新变，则柳宗元在南贬之后，于书法诸体如隶、楷（见后文）特别是章草多所用力、避俗生新，并取得"为时所宝"的成就，便是大抵可以认定的了。柳宗元逝后，刘禹锡在悼念诗文中曾提及其书法造诣，并予以高度推赏。如《为鄂州李大夫祭柳员外文》："箧盈草隶，架满文篇，钟索继美，班扬差肩。"《伤愚溪三首》其二："草圣数行留坏壁，木奴千树属邻家。"①前者是刘禹锡于元和十五年（820）代李程为柳宗元写的祭文，后者是刘禹锡于长庆二年（822）在夔州写的悼友之作。值得注意的是，诗中提及的柳宗元书法遗作，乃"箧盈"之"草隶"（章草即草隶之一种），可见这是柳宗元晚年最常使用，也最具代表性的书体；而在评说时，或谓其足以继美魏晋大书法家钟繇、索靖，或借用三国书法家张芝之名号径谓其为"草圣"，如果排除友人间拔高、谀美的成分，这应是一个很高的评价了。

---

① 《刘禹锡集笺证》外集卷十、卷三十，第1535、1011页。

三、书法承传与多元取向

与任何知识、技能均须传授一样，书法之道尤赖口授手传，方能心领神会、鞭辟入里。对此，柳宗元有着非常明确的自觉意识。其《与李睦州论服气书》在回忆自己"幼时尝嗜音……及年少长，则嗜书"之后，举例说道："又见有学书者，亦不得硕师，独得国故书，伏而攻之。……出曰：'吾书之工，能为若是。'知书者又大笑曰：'是形纵而理逆。'卒为天下弃，又大惭而归。"这里极堪重视的一句话，即学书若不得名师良训，便会"形纵而理逆"——得其形而不得其理，甚至与书法的根本原则相悖。其所以会出现这种情况，主要原因即在于"无所师而徒状其文也。其所不可传者，卒不能得，故虽穷日夜，弊岁纪，愈远而不近也"[①]。这就是说，学书如无师承，便难以领悟到前辈书家长期积累的创作经验和不传之秘，其结果必然是费力越多，离所求目标越远。

考察柳宗元之习书经历，不仅早有师承，入其堂奥，而且

---

① 柳宗元《与李睦州论服气书》，《柳宗元集校注》卷三十二，第2114页。按："年少长"，《校注》作"年已长"，据四库本《柳河东集》改。

还亲授弟子多人，其后多以书法名家。征之文献，最早记载其传承脉络的，当为中晚唐之际书法家卢携所著《临池妙诀》。该篇首序书法源流曰：

吴郡张旭言：自智永禅师过江，楷法随渡。永禅师乃羲、献之孙，得其家法，以授虞世南，虞传陆柬之，陆传子彦远。彦远，仆之堂舅，以授余，不然何以知古人之词云尔。携按：永禅师从侄纂及孙涣皆善书，能继世。张怀瓘《书断》称上官仪师法虞公，过于纂矣，张志逊又纂之亚，是则非独专于陆也。王叔明《书后品》又云：虞、褚同师于史陵。陵盖隋人也。旭之传法，盖多其人，若韩太傅滉、徐吏部浩、颜鲁公真卿、魏仲犀，又传蒋陆及从侄野奴，二人予所知者。又传清河崔邈，邈传褚长文、韩方明。徐吏部传之皇甫阅，阅以柳宗元员外为入室，刘尚书禹锡为及门者，言柳公常未许为伍。柳传方少卿直温，近代贺拔员外惎、寇司马璋、李中丞戒与方皆得名者。盖书非口传手授而云能知，未之见也。①

① 陈思《书苑菁华》卷十九、《御定佩文斋书画谱》卷三、倪涛《六艺之一录》卷二七六引，文字略同，唯陈书作《临妙诀》。

这是一段着重于楷书源流的专论，其中先引盛唐大书法家张旭之言，从东晋王羲之后裔、南朝末之智永禅师说起，经虞世南、陆柬之、陆彦远而至张旭，勾勒了一条由南朝至盛唐的书法传承线索。接着，卢携又据其闻见，补充了陆氏父子外的另几位书家，并重点介绍了张旭之后的书法传人，即韩滉、徐浩、颜真卿、魏仲犀、蒋陆、蒋野奴、崔邈、褚长文、韩方明等；其中自徐浩别分一支，其传承者则有皇甫阅乃至柳宗元、刘禹锡诸人；而柳、刘二人的书法老师，就是皇甫阅。

与《临池妙诀》可以互相补充的，是元人刘有定注郑杓之《衍极》。在叙述自智永禅师至张旭的书法线索后，刘注曰：

> 旭又得褚遂良余论，以授颜真卿、李阳冰、徐浩、韩滉、邬彤、魏仲犀、韦玩、崔邈等二十余人。释怀素闻于邬彤，柳公权亦得之，其流实出于永师也。徐浩传子璹及皇甫阅，崔邈传褚长文。韩方明受法于璹及邈。皇甫阅传柳宗元、刘禹锡、杨归厚；归厚传侄纬，纬传权审、张丛、崔弘裕。弘裕，刘禹锡外孙也。弘裕传卢潜，潜传颖，颖传崔纾。柳宗元传

房直温。有刘埴者，亦得一鳞半甲。①

这段话有三点值得注意：一是盛唐、中唐一大批知名的书家包括颜真卿、李阳冰、徐浩、怀素、柳公权等，都与张旭有着直接或间接的师承关系。二是皇甫阅除传授书法于柳、刘二人外，还传于杨归厚。归厚字贞一，工书善医，与柳、刘二人多有交往，情谊颇深，②而其最初源起，恐即与三人向皇甫阅学书有关。三是将卢、郑二文合观可知，柳宗元本人也传授、指导了一批弟子，其中除重点提及的房直温外，还有贺拔惎、寇璋、李戎以及刘埴等人。查相关文献，仅知房直温善书，曾任少卿等职；③贺拔惎与白敏中为同年进士，官至员外郎，曾与崔文绰、寇璋"皆以鉴阅相寻，每称伏膺虞书"，并题写过白居易《重修香山寺》诗；④李戎曾为忻州刺史，"以草隶著称"；⑤用卢

---

① 郑杓：《衍极》卷一《至朴篇》，《历代书法论文选》，上海书画出版社 2014 年版，第 409 页。张彦远《法书要录》卷一《传授笔法人名》云："智永传之虞世南，世南传之欧阳询，询传之陆柬之，柬之传之侄彦远，彦远传之张旭，旭传之李阳冰，阳冰传徐浩、颜真卿、邬肜、韦玩、崔邈，凡二十有三人。文传终于此矣。"文字与此小异。
② 今柳集尚存《奉酬杨侍郎丈因送八叔拾遗戏赠诏追南来诸宾二首》，刘集则存有《春日书怀寄东洛白二十二杨八二庶子》《寄杨虢州》《祭虢州杨庶子文》等。
③ 见《书史会要·补遗》。又，《册府元龟》卷一六二谓其于开成年间任职刑部郎中。
④ 分别见陶宗仪《古刻丛钞》引米芾《书史》、御定《佩文斋书画谱》卷二八引《金石略》。
⑤ 司空图《书屏记》，祖保泉、陶礼天《司空表圣诗文集笺校》，安徽大学出版社 2002 年版，第 219 页。

携的话说，此数人在当时"皆得名者"。至于有人认为："柳宗元在将笔法传于方直温等人的同时，还对同房族弟、后来与颜真卿并称'颜筋柳骨'的柳公权有过影响。"①恐怕与事实未必相符。因为上引材料只提及柳公权书法得之于邬彤，而与柳宗元及其所师法的皇甫阅并无关系，因而，将柳公权与柳宗元扯在一起，缺乏文献依据。此外，将柳公权视作柳宗元族弟，也是错误的。今柳集有《送澥序》，其中明言："吾黜，而季父公绰更为刑部郎。"又有《送巽上人赴中丞叔父召序》，②亦称曾为御史中丞、时任湖南观察使的柳公绰为叔父，则公绰为柳宗元族叔无疑；而公权乃公绰胞弟，其年龄虽小于宗元，但其身为族叔的辈分却不会改变，如何反倒成了柳宗元"族弟"？实际上，真正受到柳宗元书法影响的族弟另有其人，那就是长期陪侍宗元左右并"操觚牍，得师法甚备"的柳宗直。在《祭弟宗直文》中，柳宗元誉其"墨法绝代，识者尚希"；在《志从父弟宗直殡》中，又评其书法特点是"融液屈折，奇峭博丽"③，亦即于

---

① 蔡显良《对唐代楷书笔法渊源与传承的再认识》，《文艺研究》2011年第8期。按，蔡氏此说显系源于朱关田《中国书法史·隋唐五代卷》所谓"柳公权书法乃出于柳氏家学""其书出自同房族兄柳宗元"等说法，而未细核。
② 分别见《柳宗元集校注》卷二四、卷二五，第1591、1676页。
③ 柳宗元《志从父弟宗直殡》，《柳宗元集校注》卷十二，第820页。

字体之曲折变换见其用墨之妙，于风格之峭拔奇丽显其笔法之美。后人认为此"八字尽笔法、墨法之邃"；^①又谓："'得师法甚备'云者，师应即柳宗元自谓。"^②由此可见柳宗元之书法理论水平、赏鉴水平，以及其对从弟的传授、指导之功。

依据上引二文献，我们大致了解了柳宗元的书法渊源及其先后承传。如果说，智永禅师、虞世南、褚遂良等是其远源的话，那么，其近源则是张旭、徐浩、皇甫阅。也就是说，皇甫阅是柳、刘、杨的书法老师，而徐浩、张旭则给予他们以间接影响。所以，下面不妨再看一下柳宗元书法老师和前辈们的情况。

关于皇甫阅其人，正史无传，其他文献也很少相关资料。今所知者，一是《宝刻丛编》卷七据《京兆金石录》记载的一篇《唐赠左仆射裴儆碑》，上题"从侄次元撰，皇甫阅正书并篆"，时间是建中二年；一是1920年出土于洛阳龙门南郭家寨的《唐东都安国寺故临坛大德塔下铭》（简称《澄空塔铭》），上题"安□梁宁撰，侄宣德郎前秘书省校书郎阅书"，时间为贞元九年八月。从塔铭拓片看，体为楷书，亦即《裴儆碑》所题之"正书"。其形体方正，笔画平顺而丰腴，唯字距、行距过

① 沈曾植《海日楼札丛》卷八，第330页。
② 章士钊《柳文指要》上《体要之部》卷十二《墓表志》，文汇出版社2007年版，第335页。

密，略嫌拥挤，较之其师徐浩书体的清劲简约似有不及。

至于徐浩、张旭，书名自然较皇甫阅大许多，且正史均有传。《旧唐书》本传说徐浩"工草隶""楷隶"，朝廷"诏令多出于浩"；①《新唐书》本传则谓："浩父峤之善书，以法授浩，益工。尝书四十二幅屏，八体皆备，草隶尤工，世状其法曰'怒猊抉石，渴骥奔泉'云。"②曾有《论书》一篇传世。据其书于大历四年之《大证禅师碑》（碑在河南登封嵩岳少林寺后）、建中二年所书《不空和尚碑》（今存西安碑林）看，皆为楷书，形体矫健，笔画瘦劲有力，颇具观赏性。此外，徐浩尚存书于天宝三载的《嵩阳观圣德感应碑》（碑在河南登封嵩阳书院），则为隶书，笔画稍细而均匀，布局疏朗而清丽，亦为书中上品。

与徐浩有所不同，张旭以狂草知名，为人洒落不羁，挥翰醉墨淋漓，素有"张颠"之称，因而世存不少关于他习草的资料和传说。然而，从其传世最可靠的墨迹《尚书省郎官石柱记序》看，则为楷书。其字方正圆润、端庄谨严，颇具法度，向为后人所重，以致苏轼曾发为"自古未有不善正书而工于草

---

① 《旧唐书》卷一三七《徐浩传》，中华书局1975年版，第3759页。
② 《新唐书》卷一六○《徐浩传》，中华书局1975年版，第4966页。

者"①之叹。

如此看来，作为柳宗元书法近源的三位前辈均有楷书传世，其中张旭草而兼楷，徐浩亦楷亦隶亦草，皇甫阅所可见者唯楷而已。那么，作为其弟子或隔代传人的柳宗元在受其隶、草影响的同时，自然亦当习练过楷书。实际上，据宋人尚能见到的柳宗元元和五年所书《南岳弥陀和尚碑》之字体而言，即为楷书。此碑于欧阳修《集古录跋尾》、赵明诚《金石录》中皆有记载，后者所记尤为详细："第一千七百三，《唐弥陀和尚碑》，柳宗元撰并正书。"②这里所谓"正书"，实即楷书之别名。又据范成大《骖鸾录》载其至南岳庙所见之《般舟和尚碑》，乃"子厚自书，亦有楷法"③。倘若以上记载不误，则宗元在工隶书、擅章草的同时，也在楷书上下过不少功夫，且用以撰写碑铭，从而表现出多元的书法取向。

进一步看，卢携《临池妙诀》还传递出一个重要信息，即"阅以柳宗元员外为入室，刘尚书禹锡为及门者，言柳公常未许为伍"。这里所用二人官衔，柳为员外（按，即礼部员外

---

①　王鏊《题张长史郎官厅壁记》引，《震泽集》卷三十五，清文渊阁《四库全书》本。
②　赵明诚《金石录》卷九，《四部丛刊续编》景旧钞本。
③　范成大《骖鸾录》，知不足斋丛书本。

郎），刘为尚书（按：刘曾任屯田员外郎，隶属尚书省，故以代称），故当指柳、刘尚在长安时事。这就是说，柳、刘师从皇甫阅至迟在其任朝官时即已开始，或者可以追溯到二人"常时同砚席"的贞元中前期。对二人书法水平之高下，皇甫阅的评价很明确，即柳宗元学艺深得师传，已然"入室"，而刘禹锡则仅为"及门"。有意思的是，卢携特别在此记下"子厚未许为伍"一笔，似已透露出青年柳宗元"俊杰廉悍""踔厉风发，率常屈其座人"[1]之自负神态，其中不乏耐人寻味之处。联系到前引柳诗"劝君火急添功用"之类的话，不难看出，柳、刘二人间书法水平的差距是一直存在的，而且这种差距，不只表现在章草上，也表现在楷书上。倘作一根据不足之推想，则前引刘诗所谓"柳家新样元和脚"，指的或许便是柳在楷书上的新变；而柳、刘在南荒用以教习子弟的，也应是楷书，盖因此体较便儿童入门也。

柳宗元既受业于楷书之师，则必当对此一书体的相关理论有过接触和体悟。今柳集《外集·补遗》所载《永字八法颂》，似即为其承接前辈成果而又有所发展之一例。颂云：

---

[1] 韩愈《柳子厚墓志铭》，马其昶《韩昌黎文集校注》，上海古籍出版社1986年版，第511页。

侧不愧卧，勒常患平。努过直而力败，趯宜峻而势生。策仰收而暗揭，掠左出而锋轻。啄仓皇而疾罄，磔趯趄以开撑。①

元陶宗仪记此颂名曰《笔精赋》，其《书史会要》卷五谓："柳宗元……少精敏绝伦，为文章雄深雅健，名盖一时。善书，尝作《笔精赋》，略曰：……此永字八法，足以尽书法之妙矣。"②这是最早将该文记在柳宗元名下的一篇文献。而据宋人陈思《书苑菁华》卷二十引唐韩方明《授笔要说》，则称自己于贞元十七年受法于清河崔邈，邈自言传笔法于张旭长史，并谓："世之所传，得长史法者，唯有得《永字八法》。"宋朱长文《墨池编》卷二亦载："张旭传《永字八法》：'侧不患平，勒不贵卧。弩遇直而败力，趯当存而势生。策仰收而暗揭，掠左出以锋轻。啄仓皇而疾掩，磔趯趄以开撑。'"而清人冯武《书法正传》卷三在所录柳宗元《八法颂》前，还录有一篇《颜鲁公八法颂》，文字与前二者颇为不同："侧蹲鸱而坠石，勒缓纵以藏机。努弯环而势曲，趯峻快以如锥。策依稀而似勒，掠

---

① 《柳宗元集校注》外集《补遗》录自《全唐文》，第3398页。又，冯武《书法正传》卷三录柳宗元《八法颂》与此同，唯首句"愧卧"作"贵卧"。然冯氏于题下小注又谓："或曰张旭传。"

② 陶宗仪《书史会要》卷五，文渊阁《四库全书》本。

仿佛以宜肥。啄腾凌而速进，磔抑惜以迟移。"这样一来，就出现了三篇分系于不同人名下的同名颂文。其中柳、张二颂之文字虽较为接近，但亦不无差异。至于同系于柳宗元名下之文，冯武《书法正传》与陶宗仪《书史会要》、郑杓《衍极》所载也小有出入。此外，陈思《书苑菁华》卷二在论及"散水法"口诀时，曾谓："柳宗元《笔精赋》云：'散水幽纵，《黄庭》宗之是也。'"①则其所引《笔精赋》内容又与陶宗仪《书史会要》所载不同。

那么，面对上述关系错综、记载纷纭的史料，应如何判断其是非正误？笔者以为：由于相关早期文献的缺失，不少唐代书史真相已难以准确还原了，但基本可以认定的是：其一，柳宗元曾作《笔精赋》一篇，其中既涉及永字八法，亦有关于散水法的论述，后人或将涉及八法者单独拈出，遂有《永字八法颂》的命名。其二，柳之《笔精赋》与张旭所传《永字八法》有承接关系，而与颜真卿《八法颂》显有区别，二者不可相混。其三，柳宗元对"永"字的写法素有研习和体悟，具备承接张说并进一步发展的条件。

考诸书史，"永"之一字最为特殊，盖因此字将汉字之点、

---

① 陈思《书苑菁华》卷二，文渊阁《四库全书》本。

横、竖、钩、撇、捺、折等八种笔画悉数囊括，练熟此字，即可奠定书法基础，故历来受人重视，相关之八法亦当起源甚早。陈思《书苑菁华》卷二引《禁经》谓："八法起于隶字之始，自崔、张、钟、王，传授所用，该于万字，墨道之最不可不明也。隋僧智永发其指趣，授于虞秘监世南，自兹传授，彰厥存焉。李阳冰云：昔逸少上书，遂历多载，十五年中，偏攻永字，以其八法之势能通一切也。"八法是否在"隶字之始"即已起源，或可再议，但至王羲之（字逸少）已"偏攻永字"，得其法理，却是大体可信的。此后，自羲之"传授至于永禅师，而至张旭始弘八法，次演五势，更备九用"①，其法遂大备。据此而言，张旭于"八法"贡献最多，其始作《永字八法》也最有可能。

然而，《永字八法》由张旭始作，并不妨碍柳宗元在其基础上于所作《笔精赋》中抄录并予修订。依据大致有三：

其一，对照上引柳、张二文，用字虽大致相同，但其间仍存若干差异。如张之"侧不患平，勒不贵卧"，柳作"侧不愧卧，勒常患平"；张之"趯当存而势生"，柳作"趯宜峻而势生"。其中或颠倒位置，或改易文字，均可见出不同的思考。因而，说柳赋是在张颂基础上的发展，并非无据。

① 陈思《书苑菁华》卷二十。

其二，从前述书法渊源看，柳宗元师事之皇甫阅，原是受法于徐浩、张旭的，认真算起来，张旭实为柳宗元之师祖。作为再传弟子，柳宗元或由皇甫阅处传习八法，或直承前辈师尊之书法理论而稍加改易，以求一脉延续，光大师门，当在情理之中。清人冯武《书法正传》卷五指出："此八句书家皆作柳宗元语，不知其本出于张旭也。盖宗元传八法于皇甫阅，阅传之徐浩，浩传之旭。古人授受渊源，毫发不乱如此。"^①说的正是这种情况。

其三，柳宗元曾在前引《与吕恭论墓中石书书》中围绕伪石书之"永"字细加辨析，谓其"'永'字等颇效王氏变法，皆永嘉所未有"，可见其对"永"之一字颇为精熟，通晓其古今变化；加之他谪居永州十年，对地名中之"永"字必更有切身体悟，故闲暇之际，将前辈书家之《永字八法》拿来，反复研探，续写翻新，未为不可。至于有论者据柳宗元《与吕恭论墓中石书书》得出"柳宗元鄙弃永字笔法之说，益可证此文非柳文"^②的结论，恐怕难以服人。因为实际情况似乎恰恰相反，在柳宗元《与吕恭论墓中石书》中，作者陈述的只是"永"字写法变化的一个事实，其间丝毫看不出"鄙弃"的意味，反倒因其对

---

① 冯武：《书法正传》卷五《纂言》上，文渊阁《四库全书》本。
② 尹占华：《柳宗元集校注》之《永字八法颂》下《辩证》，第3401页。

永嘉前后"永"字笔画变化之深透了解，更具备了续作《笔精赋》亦即俗传《永字八法颂》的条件。

四、柳宗元书法造诣之评判

综上所言，可以看出，在唐代书法发展史上，柳宗元作为一个中间环节，一方面上承张旭、徐浩、皇甫阅诸师，下传房直温、贺拔甚、寇璋、李戎、刘埙等弟子（包括其从弟柳宗直），由此构成一条大致清晰的承传脉络；另一方面，在书法理论上，也借助其《笔精赋》，延续并一定程度发展了张旭的观点，具有承上启下之地位。

柳宗元精敏博识，眼力甚高，不仅对魏晋以来之书法藏品多所观摩、品味，洞晓其发展变化，善辨其优劣真伪，而且通过长期习练，深知用墨和用笔之浓淡、轻重、曲折，故其评鉴书艺别具卓识，得"尽笔法、墨法之邃"；在实践中不满捧心效颦之世俗风习，而能以"识真"之胆气，勇于创新，至有"柳家新样元和脚"一体。需要指出的是，柳宗元特重师法传承，强调在传承中得其理，得其神髓，他所提出的因不得硕师致使"形纵而理逆"的观点，已接触到书法之形神、表里等核心问题，接触到由技进道的问题，虽仅寥寥数语，却吉光片羽，弥足珍贵。

　　就柳宗元的学书历程言，其早期习练之字体，大概主要是隶书和楷书，而到了后期亦即置身南荒之后，更多的精力则放在了章草一体，并取得了被"后生多师效""为时所宝"的成就。虽然如此，但其素所习练之隶、楷二体并未废弃，只是相比起章草来，使用的频率可能要低一些，知名度也要逊色一些而已。换言之，其章草更多地用于友朋间的往来书信及著述写作之中，而隶、楷可能多用于为人题字、撰碑等较正式的场合。前者相对私密，后者较为公开；前者多切于实用，后者则需应时随俗。前者因其私密性、实用性，可以随意挥洒，不拘格套，故最得柳宗元赏爱，也因习练、使用多而较易取得成就；后者则因其公开、应时之特点，有时不得不束敛个性，按部就班，因而似并非柳宗元之所长，也就难得有大的突破。不过，这里同样存在一个悖反现象：柳宗元所赏爱、用功的章草一体，因其私密性及身为"僇人"、长期投荒之特殊遭遇而受到传播时空的限制，故影响范围和仿效者多在"湖湘以南"；此后，随着书写者的亡故，其遗墨很快便荡然无存了。相比之下，反倒是那些以楷体等"正书"书写的碑铭，因刻于坚石、立于名所而得到稍长久一些的保存，^①但这些书体，却未必能够代表柳宗元的真正水平。

那么，该如何评价柳宗元的书法造诣呢？宋人欧阳修有言："右《般舟和尚碑》，柳宗元撰并书。子厚所书碑世颇多有，书既非工，而字画多不同，疑喜子厚者窃借其名以为重。"^②欧氏认为柳宗元《般舟和尚碑》所书不工，字画也不尽一致，故评价不高；至于他怀疑为伪作，似有为子厚书法开脱之意，而实际情况恐未必如此。^③与欧氏观点相近，王观国亦谓："观国尝于南岳山间见此子厚二碑，详观之，乃子厚南贬时书也。子厚书体格虽疏静，好藏锋，类崛笔书，然在唐未可以名家，故唐史及唐人文集未尝言其善书。大抵士人文章称著，则并其书亦为世所贵重。子厚尝以文称于朝矣，及其南贬也，湖湘以南

---

① 柳宗元所存石刻文字，除宋人提及的《般舟和尚碑》等数篇外，还有传为柳作《龙城录》所载《罗池石刻》之残存拓片（又名《龙城石刻》《剑铭碑》）。然古今学者多谓为伪作（参见陶敏《柳宗元〈龙城录〉真伪新考》，载《文学遗产》2005年第4期），故本文暂不论列。

② 欧阳修《唐柳宗元般舟和尚碑》，《集古录》卷八，文渊阁《四库全书》本。

③ 赵明诚、章士钊等均认定此碑为柳宗元所书。赵氏谓："子厚颇自矜其书，然亦不甚工，今见于世者，唯此与《弥陀和尚碑》耳。虽字画大小不同，然笔法煞相似。欧阳公以为不类，又疑他人借子厚之名者，非也。"（《金石录》卷二九）章氏谓："子厚浮屠诸碑，大抵限于楚、越间，而南岳最多。子厚本善书，碑由子厚撰并书丹者不少，而苦于不易指明。唯《般舟和尚第二碑》载在张世南《游宦纪闻》者，证据确凿。"（《柳文指要》上《体要之部》卷七《碑铭》）

士人慕其文章，又学其书，此古今之常态也。《因话录》谓柳氏有此二人，盖奖饰子厚之过耳。"①细味其言，体格"疏静，好藏锋，类崛笔书"是一意，"在唐未可以名家"、唐史等"未尝言其善书"是一意；南贬后士人"学其书"是一意，而学书因"慕其文章"又是一意。其间数度转折，似已将柳宗元排除于唐代一流名家之外。而对《因话录》将柳宗元与柳公权并列的做法，王氏也是不认可的，谓其有过奖之嫌。实事求是地说，欧阳修、王观国等人都是一流的鉴赏家，又是亲眼见过柳宗元书法之人，排除因个人审美倾向导致的差异，其说法还是足资参考的。因为在名家如林的唐代书家中，柳宗元的楷书究竟能占据一个什么地位，我们实在难以必言。然而，需要指出的是：无论欧阳修，还是王观国，所看到的毕竟只是柳宗元留存至宋的一二碑文，仅凭此即遽下断语，恐有片面之嫌；更重要的是，他们据以评价的仅为柳宗元楷书，至于更能代表柳宗元书法水平的章草，唐以后人恐怕是难以置喙的。换言之，只有亲眼见过柳宗元章草的同时代人的评价，才最具权威性。缘此之故，我们不能不将前述赵璘、刘禹锡等人的评说，作为综合判断柳宗元书法造诣的最终依据。

---

① 王观国《柳子厚书》，《学林》卷七，武英殿聚珍版丛书本。

《种柳戏题》之传播讹变与本事推探

一、柳诗之影响及误传

在柳宗元所作诗中,《种柳戏题》堪称别具一格。该诗以"戏题"笔墨,传神地描述了作者种柳柳江之事:

> 柳州柳刺史,种柳柳江边。谈笑为故事,推移成昔年。
> 垂阴当覆地,耸干会参天。好作思人树,惭无惠化传。①

"柳"是诗眼。诗人姓柳,任官柳州,又种柳树,且在柳

---

① 柳宗元著,尹占华等校注《柳宗元集校注》卷四二,中华书局 2013 年,第 2847 页。

江，一个"柳"字，逗引出一篇有趣的文字。所以诗开篇连用四个"柳"字，在反复重叠中传达出一种巧妙的意义关联和特殊的声情效果。

大概正是由于此诗巧用叠字，以姓、地、树、江四者中之"柳"相互关合，开篇即入笔擒题，显得自然而精警，诙谐而多趣，所以受到后代不少诗评家的关注，或谓其"兴致洒落，正以戏佳"[①]；或谓"有两句叠四字者，如柳子厚诗云：'柳州柳刺史，种柳柳江边'是也"[②]。宋长白《柳亭诗话》更列举近体诗一篇之中叠字数见者多首，而在柳诗下特意注明"自云'戏题'"[③]，以突出其创作意图和形式特点。与这些评说相关，还有很多作者借鉴柳诗写法，在涉及"柳"的场合出以类似笔墨，或明言其事，或暗中化用。如北宋那位戏谑大家苏东坡即先在《故周茂叔先生濂溪》诗中写道："应同柳州柳，聊使愚溪愚。"[④]又在《南乡子·绣鞅玉环游》一词中再次说道："春入腰肢金缕细，轻柔，种柳应须柳柳州。"[⑤]他如元人徐瑞《送

---

① 孙矿《孙月峰评点柳柳州集》卷四二，民国十四年（1925），上海会文堂石印本。
② 赵翼著，曹光甫校点《陔余丛考》卷二三，上海古籍出版社2011年版，第420页。
③ 宋长白《柳亭诗话》卷二三，清光绪八年（1882）刻本，第13页。
④ 苏轼著，[清]王文诰辑注，孔凡礼点校《苏轼诗集》卷三一，中华书局1982年，第1667—1668页。
⑤ 苏轼著，傅成、穆俦标点《苏轼全集》词集卷二，上海古籍出版社2000年版，第607页。

从弟兰玉视牍柳州》："柳侯种柳柳江边，岁岁春风岁岁妍。"①
明人林爱民《送郑万松经柳州府》："闲追柳侯兴，种柳柳江
边。"② 陶奭龄《插柳》："前年插柳一丈高，今年插柳如蓬蒿。
柳边不是柳州柳，五柳先生持浊醪。"③ 清人王芑孙《种柳》：
"昔人先种花，吾今更栽柳。……未携柳枝伎，聊学柳江守。"④
梁焕奎《桂蠹》："他年种柳柳长成，更对浓阴一回首。"⑤ 这样
一种或咏其事，或用其意的现象，在柳诗接受史上非常独特，
它既展示了后人对这首柳诗的重视，也强化了《种柳戏题》的
典型特征。用日人近藤元粹的话说便是："种柳柳州，柳果为
一典故矣。"⑥

　　然而，与这种创作中仿效、化用柳诗者相比，历史上还存
在大量对《种柳戏题》之本事的误解和误传，严重干扰了对此
诗创作动因的理解。其始作俑者，似当首推晚唐范摅。在范著
《云溪友议》卷中《南黔南》条，记载了这样一则故事：

---

①　徐瑞著《松巢漫稿》（一），[清] 史简编《鄱阳五家集》卷六，清文渊阁《四库全书》本。
②　舒启修，吴光升撰《乾隆柳州县志》卷十《艺文·诗》，清乾隆二十九年修民国
　　二十一年铅字重印本，第14页。
③　陶奭龄著《赐曲园今是堂集》，卷六，明崇祯刻本。
④　王芑孙著，王义胜整理《渊雅堂全集》卷十七，广陵书社2017年，第327页。
⑤　梁焕奎著《青郊诗存》卷四，民国壬子（1917）元年，长沙梁焕均刻本，第20页。
⑥　近藤元粹评订《柳柳州诗集》卷三，光绪三十一年（乙巳1905），青木嵩山堂版。

南中丞卓，吴楚游学十余年。……转黔南经略使，大更风俗。凡是溪坞，呼吸文字，皆同秦汉之音，甚有声光。先柳子厚在柳州，吕衡州温嘲谑之曰："柳州柳刺史，种柳柳江边。柳馆依然在，千株柳拂天。"至南公至黔南，又以故人嘲曰："黔南南太守，南郡在云南。闲向南亭醉，南风变俗谈。"①

这里所记二诗，一为"柳州柳刺史"，一为"黔南南太守"，句法相似，均具明显的叠字特点，且作者都定为"吕温"，故范摅将其一并拈出，作为诗坛掌故，本是一件有意义的事。同时，这则记载也间接交代了柳诗创作的起因，亦即先有吕温赠诗在前，后有柳宗元附和引申，这就解决了创作的本事，其价值似不可低估。但问题在于，这则看似有用的材料却因一个基本的常识性错误而大打了折扣。下面试稍分疏之：

其一，吕温为柳宗元挚友，生于大历七年（772），卒于元和六年（811），其时宗元尚在永州，得其死讯曾作《同刘二十八哭吕衡州兼寄江陵李元二侍御》《唐故衡州刺史东平吕

---

① 范摅著，唐雯校笺《云溪友议校笺》卷中，中华书局 2017 年版，第 141 页。

君诔》等诗文痛悼之。而至宗元刺柳（815—819）之时，吕温去世已数年之久，如何能写出"柳州柳刺史"的诗来？

其二，南卓生卒年不详，但与裴度、白居易、元稹、贾岛等人有交往，《新唐书·艺文志》著录其《羯鼓录》一卷、《唐朝纲领图》一卷、《南卓文》一卷。其早年羁旅困顿，大和二年（828）始中制科，至大中年间（847—860）方官黔南观察使。而此时吕温去世已三四十年，又如何能预知"黔南南太守"之事？

其三，今存四库本《吕衡州集》未载二诗。而该集先由吕温友人刘禹锡编次，后由明末冯舒重编①，集中不收此作，说明编纂者或未之见，或对其取存疑态度。

如此看来，这则材料所记二诗之作者是经不起推敲的，也是完全错误的。可是，范摅这段记载却对后世发生了极大的影响。也许是由于范为唐人，距柳宗元时代较近，其所记事易于取得后人信任②；也许是后来的著书者多为耳食之徒，只管把前

① 参纪昀等《四库全书总目》卷一百五十《集部·别集类一·吕衡州集》，中华书局 1965 年版，第 1290 页。
② 四库馆臣《云溪友议》提要既谓该书一些纪事"皆委巷流传，失于考证"，又谓："然六十五条之中，诗话居十之七八，大抵为孟棨《本事诗》所未载，逸篇琐事，颇赖以传。又以唐人说唐诗，耳目所接，终较后人为近。故考唐诗者如计有功《纪事》诸书，往往据之以为证焉。"（《四库全书总目》卷一百四十《子部·小说家类》，中华书局 1965 年版，第 1186 页。）

人文章抄录下来便是，而不去做稍加翻检即可明了事实真相的核查工作，因而，在自宋至清的千年时间中，上述记载便一而再，再而三地出现在各种笔记、诗话之中。如宋人陈应行《吟窗杂录》卷四八、计有功《唐诗纪事》卷五四、明人郭子章《六语》之《谐语》卷四、蒋一葵《尧山堂外纪》卷二九、清人吴襄《子史精华》卷四二、张玉书等《佩文韵府》卷四四之一，均录范著之语以为谈助，而质疑者罕睹。其间更有附加己意以引申者，如明人魏濬即在《峤南琐记》卷下说了这样两段话：

> 吕衡州温善谑，子厚在柳州，温谑之曰："柳州柳太守，种柳柳江边。柳馆依然在，千株柳拂天。"南公至黔南，温又谑之曰："黔南南太守，南郡向云南。闲向南亭醉，南风变俗谈。"
>
> 柳州有《种柳戏题》诗："柳州柳刺史，种柳柳江边。谈笑为故事，推移成昔年。垂阴当覆地，耸干会参天。好作思人树，惭无惠化传。"盖追忆衡州戏语而作也。[①]

较之《云溪友议》之单从吕温一方说起，这两段文字将吕

---

① 魏濬著《峤南琐记》，《丛书集成初编》本，中华书局1985年版，第33—34页。

诗与柳诗对照列出，进一步强调了二者间的关联；同时，于前段添加"吕衡州温善谑"一语，于后段补缀"盖追忆衡州戏语而作也"一语，从不同方面坐实了柳诗与吕温的关系。

魏滂之后，大凡涉及其事者，如清人汪森《粤西丛载》卷五、金铁《（雍正）广西通志》卷一二七、独逸窝退士《笑笑录》卷三等，便不再提及《云溪友议》和范摅之名，而径以《峤南琐记》所载为准的，原样照录其语，遂使得三人成虎，谬误斯甚。

更为严重的是，在曹寅等编《全唐诗》卷八七〇《谐谑二》中，竟在吕温名下公然著录上引二诗，并新加二题，一为《嘲柳州柳子厚》，一为《嘲黔南观察南卓》，从而在未交代出处的情况下，将二诗的著作权郑重其事地划归吕温。由于《全唐诗》的官修性质，极易使人误以为吕温便是这两首诗名副其实的作者，而很难从历史的、学理的角度进行质疑，以正视听。此一错误，只有留待今日的专家学者来订正了。①

---

① 按：查王启兴主编《校编全唐诗》（湖北人民出版社2001年版）、陈贻焮主编《增订注释全唐诗》（文化艺术出版社2001年版），于吕温名下均未收此二诗。此外，王国安《柳宗元诗笺释》（上海古籍出版社1993年版）卷三、尹占华等《柳宗元集校注》（中华书局2013年版）卷四二亦于《种柳戏题》下辨此二诗作者之误。又，拙稿完成后，始蒙莫道才教授见告，知其有《〈全唐诗〉载吕温二首诗均为伪诗说》一文，载《古籍整理研究学刊》2005年第3期，可参看。

二、柳诗创作之本事推探

当然，关于这首误植为吕温之诗，文献中也有不同于范摅的记载。如刘斧《青琐高议》前集卷一"柳子厚补遗"条载：

> 柳宗元，字子厚，晚年谪授柳州刺史。子厚不薄彼人，尽仁爱之术治之。民有斗争至于庭，子厚分别曲直使去，终不忍以法从事。于是民相告："太守非怯也，乃真爱我者也。"相戒不得以讼。后又教之植木、种禾、养鸡、育鱼，皆有条法。民益富。民歌曰："柳州柳刺史，种柳柳江边。柳色依然在，千株绿（抄本作柳）拂天。"①

刘斧为北宋末人，想必读过《云溪友议》，但他却未从范说，而是将"柳州柳刺史"归诸"民歌"，这一方面说明他对范说有怀疑，另一方面也说明其所载或当另有来源。

与刘斧大略同时的阮阅在《诗话总龟》卷四一《诙谐门》中也涉及此事，但仅记载了"柳州柳太守"（按：此处易"刺

---

① 刘斧撰辑，施林良校点《青琐高议》，上海古籍出版社 1983 年版，第 10 页。

史"为"太守"，与诸本异）和"黔南南太守"二诗，而略去了吕温其人，并在后诗前添加"人嘲之曰"数字[①]，这就将诗作从具指的作者换成了泛指的众人。据此而言，阮阅及其所征引文献之作者也是不信范摅的话的。[②]

那么，刘斧等人所载事可信吗？回答大致是肯定的。

首先，种柳是惠民之举，自然易于赢得民众的欢欣爱戴。韩愈在《柳子厚墓志铭》中说柳宗元到柳州后，"因其土俗，为设教禁，州人顺赖。其俗以男女质钱，约不时赎，子本相侔，则没为奴婢。子厚与设方计，悉令赎归。其尤贫力不能者，令书其佣，足相当，则使归其质。观察使下其法于他州，比一岁，免而归者且千人"[③]。又在《柳州罗池庙碑》中记载说："凡令之期，民劝趋之，无有后先，必以其时。于是民业有经，公无负租，流逋四归，乐生兴事，宅有新屋，步有新船，池园洁修，猪牛鸭鸡，肥大蕃息。子严父诏，妇顺夫指，嫁娶葬送，各有条法，出相弟长，入相慈孝。……大修孔子庙，城郭道巷，皆治

---

① 阮阅编，周本淳校点《诗话总龟》，人民文学出版社 1987 年版，第 403 页。

② 按：《总龟》此条未交代出处。

③ 韩愈《柳子厚墓志铭》，马其昶校注，马茂元整理：《韩昌黎文集校注》第七卷，上海古籍出版社 1986 年版，第 493 页。

使端正，树以名木，柳民既皆悦喜。"① 这两段话，缕述了柳宗元在柳州的善政及柳民对他的感戴之情，其中"树以名木，柳民既皆悦喜"，所指虽非种柳一端——考柳宗元集，即有《柳州城西北隅种柑树》《种木槲花》等诗作；但因"柳"之一字与人、地、树、江的多重关合，既自然贴切，又新奇有趣，其时有好事者将之编成歌谣，传唱开来，便是情理中的事了。

其次，细详《种柳戏题》诗意，当与民间歌谣存在一定的对应关系。起首二句之"柳州柳刺史，种柳柳江边"，开门见山，不加铺垫，似即为对民歌的直接引用；颔联之"谈笑为故事，推移成昔年"，承上推衍，将首联所说以"谈笑"与"故事"总括之，意为今日尔等所唱虽为一时之谈笑，但随着时间推移，也许会成为日后之故事；而在后人看来，眼下的所作所为，自然也就成了可堪追忆的"昔年"。这里有时空的转换，有人事的更迭，两句话十个字，简当之至，余味曲包。到了诗作的后幅，作者掉转笔锋，既设想所种之柳"垂阴当覆地，耸干会参天"的繁盛之状，又借"好作思人树，惭无惠化传"二语，通过对召公之典的巧用，将诗思拉回到种柳与理政益民的关联上来，这便大大提升了诗的品位；而由"戏题"所产生的

---

① 韩愈《柳州罗池庙碑》，同上，第512页。

调侃、谐谑意味，也因其所包含的德政主旨而避免了流向浮薄浅露，读来别具一种亲切活泼的情趣。

如此看来，这首《种柳戏题》与民间歌谣便有了较密切的关联。推探其本事原初情形，大抵是柳宗元先有种柳于柳江畔之善举，民间好事者即由此编出"柳州柳刺史，种柳柳江边"的歌谣以传唱，柳宗元闻歌后有感于心，遂作《种柳戏题》以申发之。

不过，事情也不是绝对的。除此之外，还可能存在以下两种情形：一是柳宗元率人种树之际，或有参与者因其姓与地、江、树之关合，而随口说出"柳州柳刺史，种柳柳江边"的话，以博一粲；柳宗元即以此为话头，作《种柳戏题》一首；而后人又因此诗繁衍出"柳州柳刺史，种柳柳江边。柳色依然在，千株柳拂天"的歌谣，以追忆、纪念这位曾造福于柳州的父母官。换言之，前两句是原有的，后两句是后人补加的；在后两句中，《云溪友议》记作"柳馆依然在，千株柳拂天"，《青琐高议》记作"柳色依然在，千株绿拂天"，字词不无小异，但无论是哪种情况，一个"依然在"，一个"柳（绿）拂天"，都说明这是后人的语气，而非柳宗元当时人所能道。二是《种柳戏题》本无依傍，其首二句乃柳宗元自作，后世百姓因感其德政，遂取其原句而补缀后二句，从而传唱开来。比较这两种情形，又当以前者为合乎情理一些。

倘若这一推断可以成立，那么可以认为：围绕《种柳戏题》之本事，始于范摅《云溪友议》的错误记载曾对后人产生了严重的误导作用，其间虽有刘斧《青琐高议》未循范说，所述亦略得情实，但因其时代靠后，且未突出"柳州柳刺史"与"黔南南太守"的叠字特征，故多为人所忽略，以致范说一枝独秀，后人以讹传讹，终为《全唐诗》编者纳入官修典册，形成更强的固化效应。这种情形，一方面固然造成了诗歌解读的困扰，另一方面也须看到，范著将两首叠字诗的创作权归诸吕温，虽属无稽，但却不能因此而否定此二诗的真实性。换言之，这两首叠字诗必定出现在柳宗元至范摅的四五十年间，是中晚唐无名诗人极具特点的一种创作，其形成存在一个跨时空的持续过程。而且推寻起来，"黔南南太守，南郡向云南"一诗系受"柳州柳太守，种柳柳江边"之影响而作，也不无可能。

柳宗元四讲

提起柳宗元，很多人都不陌生，在人们的印象里，柳宗元是唐代著名的文学家、思想家，也是一位因革新失败而被贬荒远之地的政治参与者和受害者，他的后半生主要是在荒远的贬地咀嚼着痛苦度过的。因而，他的人生具有强烈的悲剧色彩。不过，你是否知道，柳宗元除了承担贬谪所带来的痛苦之外，他生前身后还承受着因改革失败而加给他的骂名，在从中唐到清末的千年时间中，除了少数明眼人认识了那场改革的价值，为他翻案外，大部分人对他的政治活动都持否定的态度。

那么，柳宗元参加的这场政治革新，究竟应该怎样评价？他为什么要参加这场革新运动？他又有着怎样的身世、性格和理想？

下面，我们先围绕这几个方面作一简单介绍。

一、家国理想与政治遭际

公元773年，安史之乱结束后十年，柳宗元出生在唐王朝的都城长安。他的家族，是有些来头的。他父亲这边，属于"河东柳氏"。河东在今天的山西，柳氏的远祖，甚至可以追溯到先秦春秋时期那位著名的柳下惠；他母亲那边，属于"范阳卢氏"。范阳在今天河北一带，"初唐四杰"里那位写了《长安古意》的卢照邻，就是出自这个家族。柳家和卢家，都是唐代显赫的名门望族。

生在这样的家庭里，柳宗元从小就受到了很好的文化熏陶。才四岁的时候，他就在长安西郊的庄园里，跟着母亲学习，打下了很好的文学基础。十二三岁的时候，他又随四处为官的父亲，到过安徽、湖北、江西、湖南等地方，积累了初步的社会经验。十七岁开始，柳宗元踏入科举路途。二十一岁中了进士。二十六岁那年，参加了一场由皇帝主持、主要测试士子文学才能的考试，被授予集贤殿正字（在国家图书机关搜集整理书籍）。

到了三十岁时，柳宗元在做了一段时间的蓝田尉后，被调回朝中任监察御史里行，这是在国家最高监察机构里设置的一个负责监察百官和各类违规事件的低级官职，品位不高，但权限不小，是个易于得罪人的差使。这时，刘禹锡、韩愈也任监察御史，韩愈后来写诗追述这段生活时曾说："同官尽才俊，偏善柳与刘。"说明他们三人此时已结下了较为亲密的友谊。

再接下来，柳宗元就参加了那场给他一生都带来重大影响的革新运动，他想在政治上一展身手，实现自己的远大理想。

这样看来，高贵的家庭出身，还算平顺的求仕过程，柳宗元早年的人生，应该不会有太多遗憾了吧？当然不是！在他内心深处，有着深深的焦灼。这种焦灼，一是来自他的家族；二是来自他的时代。

柳宗元的家族，不是贵族世家吗？怎么还会带来焦灼呢？这话就要从头说起了。

在唐朝初期的时候，河东柳氏相当显贵，仅仅唐高宗一朝，柳家在尚书省（也就是唐朝的最高行政机关）做官的就有一二十人，职位最高的，比如柳宗元的曾伯祖柳奭，官至中书令，相当于宰相。可是，"天有不测风云"，时隔不久，柳家就开始倒霉了。因为宫廷斗争，柳奭被一贬再贬，最后被杀，柳氏家族就遭遇了一个非常沉重的打击，从那以后就日渐衰落，到了柳宗元父亲柳镇的时候，已非常衰微，柳氏一族也就较少有入朝为官者了。

但柳氏家族毕竟是积淀深厚的世家大族，虽然衰败了，它的文化底蕴还在，在社会上还是有相当的地位，其他贵族世家，都还愿意和柳家联姻。柳宗元的两个姐姐，一个嫁给了山东大姓崔氏，另一个嫁给河东大姓裴氏，而柳宗元自己，则娶了关中大族杨氏的女子为妻。

生在这样一个家族里面，柳宗元虽然感到很自豪，但是，由于家道中落，加上柳家子孙香火不旺，多是一脉单传，柳宗元是独子，他的叔伯兄弟也不多，所以，他又感到非常焦虑，很希望能通过自己的努力，复兴柳氏一族的昔日辉煌。

除此之外，柳宗元的另一个焦虑，出自对国家前途的深深担忧。

作为生于"安史之乱"后的第一代读书人，他和那个时代所出现的一批著名人物，比如韩愈、刘禹锡、白居易、元稹这些人一样，有着同样的心结。这个心结就是如何解决安史之乱留下的后遗症，让唐王朝重振雄风。

发生在盛唐天宝十四载（755）的安史之乱，不仅留下了唐玄宗和杨贵妃那"此恨绵绵无绝期"的悲剧传奇，更严重破坏了唐王朝的政治、经济和社会，改写了唐王朝一路上扬的历史轨迹。从那以后，整个唐朝就由盛转衰。安史之乱后，各地的军阀拥兵自立，不听中央调遣，于是就形成了藩镇割据的局面。

皇帝的权威被破坏，所以变得很猜忌，不再相信朝中的大臣，认为这些大臣都是靠不住的。那么他信谁呢？信那些宦官！这些宦官从小跟着皇帝一起长大，作为皇帝的家奴，被皇帝看成是可靠的贴心人，所以皇帝甚至把兵权都交给宦官来掌握。

一边是藩镇割据，一边是宦官专权，唐王朝陷入重重危机。尤其是在唐德宗当政时期，这种情况越发严重。又因为这位皇帝心胸狭窄，到了晚年有点是非不明，于是就出现了明显的黑白颠倒的状况，有才能的官员沉沦下僚，而无才无德、善于拍马逢迎者被提拔到高位，导致整个社会三观扭曲，乌烟瘴气。面对这样一种局面，柳宗元既为国家前景深深担忧，又希望为国除弊，建功立业。

既想振兴家族，又想为国家的中兴出力，如此一来，摆在柳宗元面前的，就是一条非常艰难的道路了。因为，在那样一个人心不振、社会正急剧走向坠落的时代，他要对抗的，是一种庞大的、无形的社会力量。所以，在后来写的一首叫《冉溪》的诗里，他这样说道："少时陈力希公侯，许国不复为身谋。"意思是说，我年轻的时候，用力拼搏，希望能在仕途上获得一个高官，以实现自己的政治理想；我已经将身许国，就不再计较生命的安危了。从这两句诗，可以看出青年柳宗元那股热情和胆力，也可以看出他的理想和担当。

而恰在此时，他碰到了一场大规模的政治革新运动，这就水到渠成地为他实现理想创造了条件。

这场革新发生在永贞元年（805），这一年，是唐代历史上一个非常重要的年份，也是柳宗元人生的分水岭。这一年发生了三件大事：一是老皇帝唐德宗去世；二是新皇帝唐顺宗继位，开始进行政治改革；三是革新失败，唐顺宗被迫退位，另一个新皇帝唐宪宗继位。下面，我们就来看看这一年中围绕革新发生的几件大事：

这年正月，支持革新的唐顺宗李诵即位，三十三岁的柳宗元受到革新派领导人王伾、王叔文的赏识，被破格提拔为礼部员外郎（礼部，主管外交、文化、教育、宗教等类事宜，员外郎是礼部下面的一个中级官员，约相当于现在外交部或教育部的厅级干部）。这个官职从品级看不是很高，但由于受到王叔文的重视，可以参加决策层的工作，因而，地位还是很显要的。革新开始后，在短短几个月的时间里，王叔文集团连续推行了一系列政治举措，比如惩处贪官污吏、蠲免百姓所欠租税、废止一些扰民的制度、放还宫女，等等，这些举措，因为都是对民生有利的，一时间使得"市里欢呼""人情大悦"（《顺宗实录》卷二）。而在这些举措中，最重要的一点，是计划夺取宦官兵权。正是这一行动，使得革新派与反对派的斗争达到白热化的程度，并成为革新派失败的直接契机。

因为事情很明显：宦官既然掌握了兵权，岂肯轻易地转让出去，他们必然要做殊死的反抗。于是，宦官们联合那些失势的旧派官僚、藩镇的军阀，以皇太子李纯为靠山，向革新派展开了猛烈反扑。在这一庞大阵营的巨大压力下，革新集团几乎没有招架的余地，节节败退；而作为革新最关键支持者的唐顺宗，因为患了中风重病，也在称帝后仅仅七个月，就被迫让出皇位，太子李纯随之即位，这就是那位唐宪宗。

宪宗一即位，就对他父亲重用的革新集团大开杀戒。这既是他身后那些支持者的主意，也是他本人对王叔文当年不支持自己立太子的报复。他将王叔文和王伾分别贬谪到当时偏僻的渝州和开州（即今天的重庆及其辖地），不久，王伾病死，王叔文被杀。紧接着，又将柳宗元、刘禹锡、程异等八个人贬到荒远的南方做刺史（也就是当地的行政长官）。可是，那些反对派还是不满意，认为仅贬他们做刺史，惩处太轻。所以在柳宗元等人踏上被贬路途之后，朝廷又发了一道诏令，将他们统统降级为荒远州郡有职无权的司马。这场前后只持续了一百四十六天的"永贞革新"，就这样惨淡收场，历史上从此便出现了一个饱含悲剧意义的名称："二王八司马"。

此后不久，被迫退位的唐顺宗在元和元年正月不明不白地死去。时过八个月后，朝廷又一次严厉申明：柳宗元等"八人，纵逢恩赦，不在量移之限"[①]。由此看来，新的皇权对革新派已达深恶痛绝的地步，是必欲置之死地而后快的。因为事情很明显，这道诏令，不仅从根本上断绝了"八司马"回朝的希望，而且永久地将他们划为不得翻身的政治罪人。

有人会问，唐宪宗为什么会对革新派如此仇恨呢？一个根本的原因，就是这些人是前朝皇帝任用的人，他们只效忠于前皇帝，而不会效忠于自己。所谓一朝天子一朝臣，说的就是这种情况。在《中国通史》中，范文澜先生曾深刻指出：王叔文

---

① 《旧唐书》卷一四《宪宗纪》上，中华书局1975年版，第418页。

集团"在掌权的几个月内，颁布的政令，都是改革弊政，有利于民众，也有利于朝廷；唐宪宗给他们极重的处罚，完全从争夺权利的私仇出发，根本不顾及他们究竟犯了什么罪。从此，唐朝又创了一个新的恶例，每一皇帝都把自己任用的人当作私人，后帝对前帝的私人，不分是非功过，一概敌视，予以驱逐"①。这话说得非常准确，也非常深刻，很值得深思。

历史是由胜利者书写的。唐宪宗即位以后，将革新派定性为奸邪小人，于是后来的史家便接过这个定性，对二王革新集团一概否定，柳宗元等人也就由此承担了千载骂名。当然，时至今日，这个历史冤案已翻过来了，柳宗元也早已成了正面人物，但我们要真正认识柳宗元，必须了解这段曲折的历史。

这一讲，我们介绍了柳宗元的生平、他的家国理想，他参加的政治改革活动，以及因改革失败而导致的严酷打击，下一讲，我们将介绍柳宗元被贬后的痛苦遭遇和苦闷心理，看他如何在遥远的贬所面对人生苦难，抒发一己的满腔悲情；如何与自然山水为伴，来治愈身心的创伤；如何终于回到他日思夜想的京城，却又一次在政敌打击下，仓皇外迁，来到更为遥远的柳州。

---

① 范文澜：《中国通史》第3册，人民出版社1978年版，第199页。

二、贬谪生涯与寂寞心灵

上一讲我们介绍了柳宗元的生平、他的家国理想，他参加的政治改革活动，以及因改革失败而导致的严酷打击，这一讲，我们将着重介绍柳宗元的贬谪生涯和寂寞心灵。

永贞革新失败后，负着天大的冤屈，顶着沉重的罪名，在悲凉的秋风中，柳宗元扶持着和他相依为命的老母亲，一起踏上了艰难的贬途。先是翻越秦岭南麓的商山，又经过洞庭湖，沿着湘江一路坎坷向南。洞庭以下的这段路途，恰好是先秦著名政治家和诗人屈原生前被楚王流放的道路。同样的遭遇和心境，让柳宗元将这位千年前的古人引为知音。他奋笔疾书，写下了一篇沉痛无比的《吊屈原文》，表明自己要效法屈原的决心。这种决心，在他另一篇叫做《答周君巢书》的文章中表述得更直接，所谓"苟守先圣之道，由大中以出，虽万受摈弃，不更乎其内"，也就是"内心认定了古圣先贤的仁爱大道，即便遭受一万次贬谪，也绝不改变"。这样的心志，和当年屈原遭流放时所讲的"亦余心之所善兮，虽九死其犹未悔"，可以说是一脉相承。

冬天，柳宗元终于抵达了永州，从此开始了长达十年的永州贬谪生涯。

永州是个什么样的地方呢？

永州在湖南西南部，四面多山，石多田少，虫蛇遍布，满目荒凉。其下虽辖有零陵、祁阳、湘源三县，但人口严重凋散，开元时共有二万七千五百九十户，而至元和年间只剩下八百九十四户（见《元和郡县图志》卷二十九《江南道五》）。若按一户五口计，也就是四五万人。短短五十来年时间，就减少了近三分之二。这种情况，与安史之乱后江南地区赋役骤然加重直接相关，也反映了在官吏重重盘剥下民不聊生、大量逃亡的现实，在柳宗元那篇有名的《捕蛇者说》中，就真切地描述了这种情况：那位姓蒋的捕蛇人，在祖父和父亲都死于毒蛇的情况下，还是宁愿冒着死亡的风险，坚持捕蛇，就是为了要躲避沉重的赋税和官吏的盘剥。他这样说道："曩与吾祖居者，今其室十无一焉；与吾父居者，今其室十无二三焉；与吾居十二年者，今其室十无四五焉，非死而徙尔。"这就是说，在繁重赋税的盘剥下，乡民死的死，逃的逃，这个地区已经没剩多少百姓了。

柳宗元被贬后的职务是"永州司马员外置同正员"，即编制之外的"闲员"，近似于"吏"的职位。而在唐代，官和吏有着明确的界划，一般的吏员是被人瞧不起的，更何况他有"罪"在身！他在诗中写道："俟罪非真吏，翻惭奉简书"（《韦使君黄溪祈雨见召从行至祠下口号》），"沉埋全死地，流落半生涯。入郡腰恒折，逢人手尽叉"（《同刘二十八院长述旧言怀感时书事……》），意思是说自己办差的时候，只有在一边低头侍候上级的份；别的官员见到他，都双手叉腰，盛气凌人，不把他放在眼里。这就是他在永州时受到的"政治待遇"。

以这样的身份，柳宗元初至永州只能寄居于潇水东岸的龙兴寺里。由于居住条件的简陋和自然环境的恶劣，其母卢氏半年之后病故，而他因有罪在身，又不能离开贬地护送灵柩回长安，这对于从小就依偎母亲长大的柳宗元可以说是一个巨大的打击；在这期间，柳宗元又先后得到王叔文、王伾和顺宗死去的信息，接到朝廷"纵逢恩赦，不在量移之限"的严诏，内心的凄楚可以说已到了极点。

在那首有名的《笼鹰词》中，他以鹰为喻，说那本来高飞云霄的苍鹰，到了秋季羽翼脱落，坠落地面，伤痕累累："草中狸鼠足为患，一夕十顾惊且伤。"所谓虎落平阳遭犬欺，这就是柳宗元的现实处境，也是他此时心理的真实写照。

到了元和四年（809），也就是他被贬的第四年，同为"八司马"的程异被朝廷召回，这给柳宗元带来了一线还有可能被起复的希望，于是他相继给朝中亲故和友人写信求援，如在写给许孟容的信中说：因自己被贬异地，不能回长安祭扫先人，"每遇寒食，则北向长号，以首顿地"。其言辞之痛切，思乡之沉重，令人读之泪下。

然而，希望是那样的渺茫，失望却接踵而来。加之他到永州后因政治压力和恶劣环境的内外夹击，他的住所又数遭火灾，仓皇逃奔，身体状况急遽恶化，三十六七岁便已"行则膝颤，坐则髀痹"（《与李翰林建书》），"每闻人大言，则踧气震怖，抚心按胆，不能自止"（《与扬京兆凭书》）——走路双膝颤抖，坐久了下身麻木，听人说话声音大一点，就感到惊恐，心跳不止。

身体状况如此，外部环境、政治压力如此，柳宗元，能挺得过去吗？

好在永州这个地方，虽不利于生活，却有很多清幽美丽的山水胜景。为了排遣苦闷，缓解病痛，柳宗元开始了"与山水为伍"的生活。闲暇之时，他或者静下心来读书，或者到那些人迹罕至的偏僻之地去寻找奇异的景观，大量彪炳千古的山水游记和历史、哲理论文因此诞生。

正是在身心一度陷入绝望的元和四年，柳宗元的创作开始进入高潮期。他先是在永州法华寺修建了住所西亭；到了秋天，他又和友人渡过湘江，循着一条叫染溪的美丽河流，遍游了西山一带的胜境，写下了著名的"永州八记"中的前四篇——《始得西山宴游记》《钴鉧潭记》《钴鉧潭西小丘记》《至小丘西小石潭记》。

元和五年（810），他大概实在是喜爱冉溪的美丽风光，所以便在这里修建住所，并取名为"愚溪"，相继创作出《冉溪》《溪居》《愚溪诗序》等诗歌和文章，借助自然山水，来倾泻内心的抑郁。

元和七年（812），柳宗元进一步扩大了游览的范围。他从朝阳岩出发，走水路向东南前行到芜江，发现了一些世人罕知的优美处所，于是写出了《袁家渴记》《石渠记》《石涧记》和《小石城山记》，这就是"永州八记"的后四记。其他一些山水诗歌，比如《南涧中题》《入黄溪闻猿》等，也是在这期间创作的。正是这些诗文，代表着柳宗元文学创作的最高成就。

当然，柳宗元不仅是文学家，他还是著名的思想家，对人生、历史，他有着远超常人的独到见解。

也许是大自然的山光水色抚慰了他那颗伤痕累累的心，让他可以暂时从情感的苦痛中解脱出来，冷峻回顾和分析"永贞革新"的前后得失，并在历史和哲学的时空中进行深入思考，因而创作出《封建论》《时令论》《断刑论》《桐叶封弟辨》《天说》以及《非国语》等重要论文，这些论文无不见解独到、笔锋犀利，展示出那个时代思想界的最高水平。

事实上，柳宗元的著书立说是与其政治理想紧密联系在一起的，理想在现实中的破灭，构成他著书立说的深层动因，而著书立说的目的则重在将他的政治见解展示出来，以垂戒后世。为此目的，他不惜以身殉志。这是精神生命的延续，是理想得以弘扬的一种独特方式，正是在对此弘扬和延续的追求中，我们再次看到了闪耀在柳宗元身上那坚忍顽强的执着意念。

元和十年（815）正月，在永州贬所艰难地等待了十年之久的柳宗元终于接到了来自朝廷的诏书，召他和同时被贬的刘禹锡等人一道返京。对这一来得已是太晚了的喜讯，柳宗元仍是按捺不住内心的激动，因为这毕竟意味着"政治罪人"的身份已经结束，新的生活即将开始。

于是他迅速治备行装，踏上了返京的途程。

路还是来时的路，但心情却全不相同，所作诗就格外多，诗的格调也一扫昔日的沉重哀凉，而洋溢着轻快高昂的旋律。在来到灞河，即将进入长安城之际，他写了一首《诏追赴都二月至灞亭上》的诗，说："十一年前南渡客，四千里外北归人。诏书许逐阳和至，驿路开花处处新。"二月的天气，到处都是阳光，到处都盛开着鲜艳的花朵。作为十一年前南渡之客，四千里外北归之人，他对未来充满希望。

然而，让柳宗元始料不及的是，回到京城仅一个多月，接踵而来的打击顷刻间便再一次粉碎了他重新燃起的希望。由于当年的政敌还在，他们对柳宗元等人被起用心怀忌恨，便怂恿唐宪宗再次将他们远迁，柳宗元为柳州刺史，刘禹锡为播州刺史。播州，就是现在贵州的遵义一带，当时非常荒远，生存条件极其恶劣，柳宗元认为刘禹锡有老母在堂，不便携亲前往，便毅然提出用自己要去的柳州来替换刘禹锡的播州。虽然经过一些大臣的劝谏，朝廷将刘禹锡改贬到了广东的连州，但柳宗元用柳州换播州的行为，表现出他在关键时刻可以为友情而不计较个人得失的高风亮节。韩愈在为他写的墓志铭里，花大量篇幅来讲这件事，认为"士穷乃见节义"，意思是读书人有没有节操，只有在处境恶劣的时候，才看得出来。

元和十年（815）的六月二十七日，柳宗元经过三个多月的长途跋涉，终于到达了柳州。和永州相比，柳州的环境更为偏远恶劣。据《柳州府志》记载，柳州在唐朝的时候，是个极其边远的地方，那里山环水绕，湿热异常，山林里常因动植物腐烂而生成一种似雾的毒气，被人们叫做瘴气。人呼吸了这种毒气，非常容易生病。而且，这个地方还有很多北方少见的毒蛇怪兽，令人感到恐怖。

这样的环境，对于已经在永州待了十年、身心备受摧残的柳宗元来说，无疑具有更大的威胁性。所以他到柳州后不久，就旧病未愈，又添新病。先是因长疗疮，差点丢了性命；接着又感染霍乱，痛苦无比。才四十四五岁的中年人，就已经是气衰体弱、筋骨暴露、满头白发了。

对于自己被任命为柳州刺史，柳宗元是怎么看待的呢？

他有着清醒的认识：一方面，官位虽然提高，但地方却更加偏远的现实告诉他，从司马到刺史的升迁，其实是一种变相的流放；但另一方面，比起在永州时的司马闲官来，刺史毕竟是一州的最高长官。如果勤于职守，还是可以做出一些改良地方、有利民众的事情的。

所以他一到柳州，就顾不上炎热和舟车劳顿，开始全力整治盗窃、绑架、杀人等这些危害社会治安的事情。白天巡查，顾不上吃饭喝水，到夜晚也难得休息，反复谋划方略，还亲自去擂鼓助战，缉拿盗匪。这段经历，在他一首叫做《寄韦珩》的诗中，得到了有声有色的表现。除了大力整治社会治安，他还顾不上身体的疾病，一心想为当地百姓多做实事，革新了很多不合理的政策，兴办学校，释放奴婢，挖井开荒，发展生产，取得了卓越的政绩，也因此赢得了柳州百姓的爱戴。

然而，这些外在的实务，仍然不能从根本上消解柳宗元内心的寂寞，比起在永州的时候，他少了些对希望的追求，而多了些对失望的咀嚼；少了一种初遭贬谪的愤激，却多了一份久经磨难后的苍凉。而就自然环境和社会环境来看，柳州到处都弥漫着的瘴气、随处可见的毒虫、像剑一样直插天空的山、热烘烘的水，以及奇怪的着装和语言、野蛮剽悍的社会风气、高发的治安问题、混乱的社会秩序，等等，所有这些，都让柳宗元感觉像处在一个陌生的文化圈里，非常不习惯，甚至厌烦。

正因为不愿在此地久留，而又无计摆脱，他不能不将自己的关注目标转移到遥远的故乡，写下一系列思乡名篇。在《与浩初上人同看山寄京华亲故》中，他这样说道："海畔尖山似剑铓，秋来处处割愁肠。若为化得身千亿，散上峰头望故乡。"

可是，每次眺望的结果，都会增加他锥心刺骨般的失落感，使他既借诗遣兴，又承受有家难归的那份凄凉，从而展现出一种往复循环不能自已的悲剧性心路历程。

元和十四年（819）十一月八日，年仅四十七岁的柳宗元在半生沉沦之后，终于在柳州病逝，终于没能活着走出荒远的边地。后人有感于此而慨然长叹："嗟乎！孤臣去国，万里投荒，今古同悲，可胜道哉！"

柳宗元就这么走完了他艰难孤寂的后半生，但是，正如人们常说的，"诗人不幸文章幸"，不幸的人生遭遇，反而激发出他巨大的文学能量。行走在那些遭人遗弃的清幽山水中，柳宗元写下了大量的散文和诗歌，成为文学史上彪炳千古的杰作。那么，这些诗文主要表现了什么内容？又有着怎样的艺术魅力呢？下一讲，我们重点以其散文为例，来解答这些问题。

三、独具一格的散文创作

从上一讲我们大致了解到，后半生的柳宗元就像一只搏击长空的苍鹰，在凛冽秋气的突袭下，一点一点地被撕掉羽毛，终于折翅陨落。然而人的心灵，往往因痛苦而能激发出超常的能量。在偏远的南国贬地，到处是无人欣赏的清幽山水。举世无知音的柳宗元，偏偏从中慧心独具地发现了大自然的美与孤独，从而营构出那些让我们怦然心动的山水文学杰作。今天，我们先来看看他的山水游记。

山水游记，在体裁上属于散文。柳宗元写有大量散文，其中有历史哲理论文、寓言、传记、书信、赠序等，涉及内容相当丰富，但他最为人称道的，还是以"永州八记"为代表的山水游记。

在漫长的贬谪生涯中，为了排遣苦闷，柳宗元几乎走遍了永州附近的山山水水。在这样一个与山水互动的过程中，他惊讶地发现，这些山水是如此美丽，而这些山水的命运，又和他那么相似。

永州的山水到底有多美？还记得《至小丘西小石潭记》里面的"如鸣佩环""水尤清冽"吗？那一汪清澈透明的潭水，是不是在我们心里已经存在了许多年？

其实，何止小石潭，在永州八记的其他篇章里，到处都是美丽：《始得西山宴游记》里，耸立着奇伟峭拔的西山；《钴铒潭记》里，流淌着曲折激荡的溪水；《钴铒潭西小丘记》里，堆叠着千姿百态的怪石。柳宗元笔下的山水，纯净、奇特、多姿多彩、富于灵性，能给人提供多方面的审美感受，而他自己，也的确在这些山光水色中找到了不少心灵的快乐与慰藉。

特别是在他游西山的时候，这种快乐与慰藉表现得最为明显。那篇《始得西山宴游记》，写他登到了西山顶上眺望，周围几个地区的旷野土地，都展现在眼前。站在高耸的山巅，他心旷神怡，于是就坐在山顶上，和朋友开怀畅饮，最后连太阳落山了也没有察觉，夜色降临了，也还不想回去。大概是被精神的枷锁压抑得太久了，站在山巅，让柳宗元发现了尘俗的渺小，此时的他，竟然产生了一种此前不曾有过的"心凝形释，与万化冥合"的心境，似乎自身和整个天地自然都融合到了一起。

不过这样的感受是不多的，而且是暂时的，他之所以能够完全放松，恐怕主要是缘于观察视角的改变，由低洼的地方上升到了比较高的地方，视野骤然开阔，由上而下俯视，少了些拘束之感。而在他更多的游览过程中，却不是这样，他游览的多数景点都是那些小丘啊，小潭呀，这些景点的地势大多低洼，比较狭窄，视野很不开阔，这就易于给人造成一种被围困、被拘束的感觉。虽然他也能从这里得到一些快乐，但快乐却不能持久。用他在《至小丘西小石潭记》里的话说，整个氛围"凄神寒骨，悄怆幽邃"，因而不敢久留，只能匆匆"记之而去"。也就是说，这些小巧而美丽的景物并不能真正开释他郁闷的心境。

进一步说，柳宗元笔下呈现的大都是奇异美丽却遭人忽视、为世所弃的自然山水。

比如，钴鉧潭西小丘非常漂亮，柳宗元说，以这个丘的美丽程度，若把它放到长安周边，那些有钱的游览者都会争相购买，每天增加千金恐怕都不可能得到。可是，这样美的一个小丘，被抛弃在了永州之地，农夫渔父都瞧不上它，出价四百，却连年卖不出去。这是一个遭世人忽略的被抛弃之地，其他像永州龙兴寺的东丘，非常深奥，也是一块弃地；袁家渴林木参差，涧水百态；石渠风摇声激，美不胜收，可是，都是一些被弃置、被忽略的景点，很少有人光顾。

所以他在《钴鉧潭西小丘记》里说，这是"唐氏之弃地"。这个唐是姓唐的唐，但是如果从广泛的象征意义上理解，是不是也可以把那个唐氏理解为大唐王朝、大唐王室呢？钴鉧潭西小丘是"唐氏之弃地"，而柳宗元则是大唐王室的弃人，在弃地和弃人之间，是不是有某种关联呢？

在这里，"弃地"如此之多，一方面固然与唐代永州的荒远僻陋有关联，是实际情况的反映；但是另一方面，恐怕又深寓着作者的主观意图，也就是说，他是有意识地选择这些弃地一再加以表现的，他是在借弃地来象征弃人的。在弃地与弃人之间存在着一种深层的内在关联：他一看到弃地，就会自然联想到自己被社会抛弃的命运；一想到自己的命运，就不由得将被弃的主观情感外射到所见到的弃地之中；而弃地的大量存在，无疑愈发加强了他由地到人，又由人到地的这样一种定向思维。

同时，我们还可以看到，柳宗元在描写这些弃地的时候，他采用的一种主要方法，就是先用对比、衬托，极力凸现自然山水之美，然后反跌一笔，表现出如此之美的自然山水竟然被弃的悲惨遭遇，这样一来，就对被象征之主体不为世用、流落远荒的命运作了精到的展现。

从艺术手法上说，柳宗元的山水游记既承接了前人，又有极大的开拓和提升。细读柳宗元的山水游记，我们感到有两大特点，一是最擅长写水和石，一是善于选取深奥幽美型的小景物，经过他一丝不苟的精心刻画，展现出高于自然原型的艺术之美，也就是通过文学家的发掘、加工和再创造，把那些罕见的胜境传给世人。

在柳宗元的笔下，自然山水是那么纯净，那么奇特，那么多彩多姿，那么富于灵性，从而给人多方面的审美感受。在

"永州八记"的前三记中,《始得西山宴游记》侧重写西山之奇伟高峻,《钴鉧潭记》侧重写溪水之屈折荡击,《钴鉧潭西小丘记》侧重写众石之异态纷呈,而写得最好的,应该是那篇《至小丘西小石潭记》了,这篇仅有数百字的短文,侧重写潭水的清冽明净。清冽明净到什么地步呢?作者还未见水,即先闻"如鸣佩环"般的水声,由这清脆响亮的水声,即可揣知水的质地,所以"心乐之"。

文中这一"乐"字,见出水声对作者的吸引,于是他"伐竹取道,下见小潭"。而潭中"水尤清冽"。"清冽"前着一"尤"字,既回应前面写到的水声和心乐,又从正面说明水清的程度,为后文描写做好铺垫。

接着转笔写潭的构造和周边环境:"全石以为底,近岸卷石底以出,为坻为屿,为嵁为岩。青树翠蔓,蒙络摇缀,参差披拂。"小潭由整块的巨石作底,在靠近岸边处,巨石向上延伸,露出水面;而在小潭四周,全被绿树翠藤包围着,形成了一个几乎与世隔绝的所在。

表面看来,这些描写似与水之清冽无甚关系,实际上却是对水清原因的巧妙揭示。试想,小潭的整个潭底全由一块大石构成,没有一点泥沙杂物,连岸边也被此石所包卷,而潭的四周有青树翠蔓环绕，清新绝尘，幽雅宁静，那么，这种天造地设的石潭中的水能不清冽么？

潭中不仅有清冽的水，还有百许头鱼，而这些鱼"皆若空游无所依"。"空游"者，若游于空中而无任何依托之物也；鱼之所以像是在空中游动，根本的原因还在于水清，而且是极度的清澈，没有丝毫杂质，只有如此，才能给人造成"空游"的错觉。

由此更进一层，作者用"日光下澈，影布石上，怡然不动；俶尔远逝，往来翕忽，似与游者相乐"诸句，既写潭中鱼之乐，又借以暗点人的愉悦心情，关合前文"心乐"二字，复写潭中水之清，将"空游"的含义推向深入。因为水清，所以日光可以穿越水面，直射潭底，使得鱼影映在石上。鱼在水中静止不动时，映在石上之影也"怡然不动"；鱼迅捷游走时，映在石上之影也"往来翕忽"。这里，作者写鱼而兼及鱼影，写鱼影则是为了写水清，将景物从平面变为立体，使得潭上之日光，水中之游鱼，石上之鱼影，看似有别而实则统一，它们聚合一途，从不同角度印证了开篇所说"水尤清冽"。这样一种表现手法，真可以算得上笔力精到、穷形尽相，为自然山水传神写照了。

与山水游记相比，柳宗元的寓言小品也写得极好，篇幅短小而富于哲理。

他那篇有名的《黔之驴》人已熟知，可谓寓言中的精品。另外一篇较少为人关注的《蝜蝂传》，也寓意极深，笔锋犀利而极具讽刺力量。蝜蝂是一种特别贪婪的小虫。这种小虫有两个特点：一是喜好背东西，在路上见到什么都背起来，昂着头向前爬行，直到它背不动为止。有时人们可怜它，把它背上的东西去掉，但它一旦能行动，便又开始像以前一样地背起来。二是喜欢爬高，尽力向上攀爬不已，直至坠地摔死。柳文紧紧抓住这两个特点，准确、生动地揭示了蝜蝂既贪婪无尽又执迷不悟的性格，由此联想到世上那些贪官污吏，在位时拼命捞取财物，唯恐所得不多、所积不厚；等到他们被贬黜后，才开始后悔；可是，一旦再度得位，他们便又重蹈覆辙。这些人形体虽比蝜蝂大得多，但其智力则如同小虫，作者在指出这一点后，用"亦足哀夫"四字作结，藐视、批判中饱含叹喟，有很强的说服力和感染力。

从以上介绍中，我们可以看到，柳宗元在山水游记、寓言文的创作中，都取得了突出的成绩。而他大量的在此来不及一一介绍的杂文、赋作以及哲学、历史论文，更蕴含一种深刻的思想、批判的气魄和远超时人的眼光。正是这文体多样而又精当深透的作品，奠定了他在唐代文学史上与韩愈并驾齐驱的地位，被后人誉为"韩柳文章李杜诗"（王禹偁《小畜集》卷十《赠朱严》）。到了明代，茅坤更将他们列入唐宋八大家之首，予以高度称扬，从而将"韩柳"作为并称，为后代人们所乐道。

然而，从风格上看，柳文与韩文却还是很有些差异的。前人常说："韩文如水，柳文如山。"韩文情感充沛，以气领文，表达方式往往直白无隐，有如浪潮，滔滔奔流，一泻千里，具有一种放浪壮美、浩乎沛然的气势；柳文的情感虽然愤激，但总体而言则相对内敛，深婉含蓄，或直接象征，或间接表现，使得意于言语外，别有寄寓，由此形成其如山岩般严谨冷峻、劲气内敛的骨力。

在用字、炼意和构思上，柳文与韩文也存在明显的不同。韩文用词造句新颖奇特却平易自然，立意巧妙又放纵恣肆，柳文则字词精审而细密峭拔，行文谨严而雄深雅健。对这种不同，前人曾有过诸多评说，钱锺书先生非常欣赏的一个比喻是：韩柳的差别，就像盖房子，子厚先量好自家的范围，不敢丝毫侵占别家的领地；退之则随意扩展，不管横竖，只要自家屋子建得好，根本不管是谁的疆界。由此看来，就开拓的气魄和胆略言，柳不如韩；而就布局的精深和严整言，则韩不及柳。在唐代散文史上，他们二人可以说是各有特色，宛如双峰并峙、二水分流，分不出，也无须分出一个高下来。

我们知道，柳宗元不仅散文写得好，诗歌也是很有影响力。而诗歌与散文相比，是一种更加适合抒情的文学体裁。贬谪心灵的孤寂凄怆，一旦呈现在他的诗歌中，又会是怎样一种局面呢？下一讲，我们重点来谈柳宗元的诗歌及其表现手法。

四、柳诗风格与表现手法

上一讲谈到柳宗元将自己的悲剧命运投射到自然山水中，形成以山水象征人生的散文写作模式。这一讲我们要来关心一下，当他将同样的情感状态运用到最能抒情达意的诗歌体裁时，会出现怎样的文学风貌？另外，我们也知道，山水诗自南朝初年的谢灵运以后，就是古典诗歌的一大流派。那么，柳宗元的山水诗歌，比起前人，又有什么样的变化发展呢？

今天能够看到的柳宗元诗歌，统共有163首。它们绝大多数都作于被贬谪之后，总体上呈现出一种哀怨、沉重、冷峭的格调。金代诗人周昂在他的《读柳诗》中说："功名翕忽负初心，行和骚人泽畔吟。开卷未终还复掩，世间无此最悲音。"意思是说：柳宗元就像当年的屈原一样，本想建立功名，却落得个被贬谪、被抛弃的命运，让他的心境落入极度孤寂悲怆的状态，打开他的诗集，还没读完就赶紧放下，不能再读下去了，为什么呢？因为世上再没比这更悲凉的诗作了。这样看来，柳诗给人的第一个深刻感受，就是心绪的忧愁和情感的悲凉。

比如，在《构法华寺西亭》这首诗中，一开始还提到自己有点出游的兴致，可以"步登最高寺，萧散任疏顽"，任情地潇洒一下，可是，这种兴奋还没持续多久，就变成了"赏心难久留，离念来相关"，说这快乐的时光稍纵即逝，萦绕心怀的，是那远离故土的思乡之念。

他还有一首诗叫《南涧中题》，刚开始游览的时候，也是蛮有兴致，甚至还忘记了疲乏，但很快，他的意绪就转化成了"孤生易为感，失路少所宜"，意思是说：孤寂的处境很容易让人感怀无端，自己被贬荒远之地，真不知前面的路在何方。展示在我们面前的，是诗人挥之不去的伤感。

如果我们将视野稍微放大一些，与其他中唐诗人作一比较，就会发现，韩愈、白居易等人的诗作，多将关注视线投向社会政治；柳宗元则更多地将关注视线投射到自我身上。韩、白是外扩的，柳是内敛的；韩、白注重的是所作诗文的政治针对性或社会影响力，柳注重的则是文学作品抒悲泄怨、自我慰藉的功能；韩、白的取法对象主要是盛唐大诗人李白和杜甫，柳的取法对象则主要是六朝的陶、谢，尤其是上古的屈原；用柳宗元诗中的话说，便是"投迹山水地，放情咏《离骚》"。换句话说，他被抛弃在荒僻山水之地后，《离骚》那样的表现逐臣心志、抒发愤懑之情的诗作就成了他常常吟咏和效仿的对象。

这样，就带来了柳诗的第二个显著特点，那就是由沉重悲情形成的冷峭格调。

人所熟知的《江雪》是这方面的典型例证："千山鸟飞绝，万径人踪灭。孤舟蓑笠翁，独钓寒江雪。"这是一首统共只有四句的五言小诗，却给我们留下一幅非常震撼的画面：有连绵起伏的群山，有千条万条的道路，但山上没有鸟，路上没有人，生命的迹象已经全部消失。白雪覆盖的茫茫天地间，只剩下了一叶孤舟，而孤舟上，竟然还有一个穿着蓑衣戴着斗笠的老翁，在寒冷的江面上独自垂钓。

在这样一个画面里，我们感到了什么呢？最突出的感受，应该就是冷峭。什么是"冷峭"？就是像冰雪一样清冷，像山岩一样陡峭。你看，诗中一个"绝"字，一个"灭"字，就能让人感到环境的极度清冷寂寥；而一个"寒"字，一个"雪"字，更给这清冷寂寥的环境，添加了严寒肃杀之气。可是，那位渔翁，竟丝毫不惧怕这严冷肃杀，仍然一竿在手，执意垂钓，那么，他的意志到底有多么顽强、坚忍，他的精神，到底有多么孤傲、劲拔，就都不用再多费唇舌了。

"冷峭"的"冷"，主要还是指诗歌描述的外在环境，而"冷峭"的"峭"，却是指诗歌寄寓的内在骨力。一外一内，一冷一峭，峭中有冷，冷以见峭，两者的高度结合，就形成了一种不同流俗、一尘不染，而又傲然独往的境界。说得更透彻一点，这种冷峭的诗歌格调，就是诗人那卓尔不群精神的化身。

从诗意上看，孤舟垂钓的渔翁，象征着被贬谪的诗人自己，这是不言而喻的，而渔翁不畏严寒、执着垂钓的精神，也正是被贬谪的诗人不屈不挠悲剧精神的典型写照。徐复观先生在评论南宋马远、夏圭等人画作的时候，说他们笔下"奇峭的峰峦，盘根屈铁的树木枝干，这实在象征了在屈辱地位中，人格向上的挣扎；在卑微的国势中，人心向前的挣扎"。这话说得非常深刻！它揭示了画作所隐喻的人格精神。而柳宗元的山水诗，同样如此！他是受到了苦难的侵袭，受到了苦难的压抑，他迎接苦难，品味苦难，最后他还要超越苦难。在这"独钓寒江雪"的画面中，我们不是也可以看到一种在屈辱、苦难的境遇中，贬谪诗人不肯折辱心志而努力挣扎的痕迹么？

如果从写法上看，这首诗就更有特点了。作者采用了层层排除和步步收缩的方法，他先写"鸟飞绝""人踪灭"，把多余的物和人都剔出画面；接着将视野一步步收缩，由远到近，由大到小，由物到人，从"千山""万径"收缩到了一叶孤舟，然后又由一叶孤舟，聚焦到独自垂钓的"蓑笠翁"，甚至收缩到老翁垂钓的动作。

表面看来，诗歌表现的范围是越来越小了，但事实上，这正是为了把焦点投放到最后"独钓寒江雪"这个画面上。前面视角的不断缩小，让这个聚焦点骤然间得到了极度的放大，以至充斥于诗歌的整个画面之中。就像电影镜头将某一景物由远而近地不断拉动，将其越放越大一样。这样一来，原本微小的人或物，就得到了最大程度的突出，由此产生出人意料的艺术效果。

进一步看，《江雪》其实还是一首藏头诗。什么是藏头诗？就是把要讲的事情分别藏在每个句子的第一个字里面，将这些字连起来读，就会形成一个完整的意思。

我们将这首诗纵向排列，从头再读一遍吧：

> 千山鸟飞绝，
>
> 万径人踪灭。
>
> 孤舟蓑笠翁，
>
> 独钓寒江雪。

请把每个句子的第一个字连起来看，你会看到什么呢，不错，是"千万孤独"！

事实上，柳宗元想要表达的，就是这种千万孤独的环境和心境。而这种环境和心境，以及由此形成的冷峭风格，又是通过层层聚焦，突出"独钓"，以及使用仄声韵、藏头诗之类的方式，来得到放大和凸显的。所以说，这是一首构思巧妙、手法独特、含意深远、风格冷峭的小诗，可以说是柳宗元诗歌中的精品。

当然，柳宗元的诗歌风格并不只是冷峭一种。除此之外，他还在艺术创造中有意追求一种古朴淡雅、萧散简远的意趣。这可以算作柳诗的第三个特点。

细读柳诗，我们会发现，他的不少作品，特别是在永州后期创作的那些古体诗，外貌就很有些像东晋陶渊明和中唐前期韦应物的诗作了。比如那首有名的《渔翁》，这样写道："渔翁夜傍西岩宿，晓汲清湘燃楚竹。烟销日出不见人，欸乃一声山水绿。回看天际下中流，岩上无心云相逐。"这诗写得非常闲散，非常淡雅。闲散淡雅中又很有些趣味，作者并不对本来就存在的青山绿水进行客观描绘，而是借渔翁发出的长呼声"欸乃"引出，好像山水的青绿颜色是被这声"欸乃"给召唤出来的。

再比如《溪居》一诗："久为簪组累，幸此南夷谪。闲依农圃邻，偶似山林客。晓耕翻露草，夜榜响溪石。来往不逢人，长歌楚天碧。"意思是说：自己长期被当官生涯所累，如今来到永州这块有山有水的地方，也算得上是一件可以欣慰的事。闲居在农家旁边，周围都是农田菜圃；偶然在山林里走走，仿佛也成了一位超然的隐士。清晨在田间耕作，翻动满是露水的杂草；夜晚划船回家，静听船靠岸时撞击石头发出的声音；在这样的环境里，自己独往独来，啸傲长歌，歌声在碧蓝的天空中荡漾。

读完这样的诗，你感觉怎么样？是不是觉得和《江雪》很不同？的确，像这样的诗歌，表达的是一种淡泊、悠远、随意、自然的情韵。能营造这样一种情韵，说明柳宗元在孤寂苦闷的贬谪生涯中，也不时在做自我解脱，以从山水中获得心灵的慰藉。

正是这样一种风格情韵，会让苏东坡评价说："柳子厚诗在陶渊明下，韦苏州上。"韦苏州，就是比柳宗元略早些的那位中唐前期诗人韦应物，他的诗以平淡自然而闻名。苏东坡认为，陶渊明、韦应物、柳宗元三位的诗，都有清淡简远的风格，只是在优劣程度上，应该是陶最好、柳次之、韦在最后。

苏东坡这话有道理吗？从刚才举的两首诗来看，当然是有道理的。但是，如果我们能更全面、更深入地体味这三位诗人的作品，就需要给苏东坡的观点再补充一下：陶渊明那种"淡"，更多叫淡泊，像"采菊东篱下，悠然见南山"那样，是很接近自然，甚至和自然有些融合的，它最能反映心境的平和旷远；韦应物的"淡"，是"春潮带雨晚来急，野渡无人舟自横"那种，让人读了能有清丽愉悦的感觉；而柳宗元的"淡"就不一样了，尽管他曾经有意识地想把自己惯有的忧怨和冷峭进行淡化，但很多时候，仍然不能彻底抹掉，所以他的不少诗作，往往在表面的淡泊中暗暗地传达孤寂冷峭的信息。

比如他有一首《中夜起望西园值月上》："觉闻繁露坠，开户临西园。寒月上东岭，泠泠疏竹根。石泉远逾响，山鸟时一喧。倚楹遂至旦，寂寞将何言。"这首诗整体的风格是"淡"的，说的是晚上睡觉醒来，听到外面有露珠滴落的声音，于是就起身打开房门，来到西园，看见月亮已经升上了东山。溪水从竹林旁边流过，发出冷冷的响声。泉水从石头上飞流而下，水声越远越响。有些鸟儿没有栖息，山间不时传来鸟啼。

你看，这诗是不是也很淡泊自然，也很宁静幽远，可是到了最后两句，就出问题了，诗人倚靠着门框，一直站到了天明。为什么站到天明呢？因为心中充满了无穷的寂寞，这些寂寞没有谁可以言说，所以他就那么站着，把自己全部的寂寞都充塞在了诗句之中。如此一来，才让我们惊觉：原来柳宗元，毕竟还是那位寂寞的柳宗元！

以上，我们通过四讲，比较系统地介绍了柳宗元其人和他的诗文创作，我们看到，那场曾经让他"许国不复为身谋"的政治革新，给他带来了何等沉重的打击，以致让他带着一颗受伤的心灵，半生沉沦。从总体看，柳宗元是一位兼具政治家才干、哲学家眼光和文学家性情的人，尽管他的初衷不是去做文学家和哲学家，而是想做政治家，但最终的结果却是哲学和文学成全了他的不朽声名。如果说，政治是他的追求目标，哲学是他的思想基础，那么文学便是他的生命表征，是他超越桎梏而进行自由的、美的追求的工具。更重要的是，他的文学，是一种融入整个生命体验的文学，是一种在自然山水中寄寓孤独心灵的文学，因而特别能打动人心。这大概是贬谪厄运对柳宗元的另一种"赐予"，同时，它也为我们了解柳宗元及其诗文提供了一个独特的视角。

后　记

　　学习并研究柳宗元，是我学术生涯中历时较长、投入精力较多的一件事情。

　　最初接触柳宗元，是五十年前的事了。当时我正读高中，"文革"方酣。先是停课闹革命，后是复课闹革命，所学教材多是政治性文本，少有关乎传统文化内容者。大概是1973年吧，毛泽东写了一首题赠郭沫若的《读封建论》，其中有"熟读唐人封建论，莫从子厚返文王"两句，于是，柳宗元被作为法家代表抬了出来，一时间大红大紫，为人瞩目。学校老师紧跟形势，也节选了《封建论》的部分文字，以油印本的形式发给学生学习。与此同时，还附带讲授了柳的另一篇名作《捕蛇者说》。这似乎是我中学阶段留下印象最深的两篇古代作品，而柳宗元，自然成为我当时"了解"最多的唐代作家，也在政治层面上成为我所敬重的偶像。

真正深入一些了解柳宗元，已到了1980年代。先是因留校讲授唐宋文学，系统阅读了两《唐书》和韩、柳等人的别集；后转而读博，围绕"元和五大诗人与贬谪文学"的论题，更广泛地浏览了相关文献。这才知道，此前被推到法家代表高位的柳宗元，本质上还是儒门中人，而且因他参加了永贞年间一场历时甚短的革新运动而被贬荒远，经受了"一身去国六千里，万死投荒十二年"的生命沉沦，是一位典型的悲剧人物。

历史是由胜利者书写的，而那些失败者，虽然曾为实现理想积极参政而经历过短暂的高光时刻，但他们也将为此短暂瞬间的获得而付出沉重代价，终身受苦。在我看来，柳宗元是一位兼具政治家才干、哲学家眼光和文学家情性的人。由于他的后半生全在永州、柳州这些唐代尚属边远、荒僻的地方度过，所以在文化信息、人际交往、创作视野、文学影响诸方面，都不具备置身政治文化中心之长安的诸多文人所具有的优势，然而，长达十四年的投闲置散，却也为他赢得了反视内省、深入思考的时间，赢得了宁神壹志、专力创作的条件，使他在政治家做不成时，转而向哲学家、文学家的路途迅进。尽管他的初衷不是去做文学家和哲学家，而是欲做政治家，但最终的结果却是哲学和文学成全了他的不朽声名。如果说，政治是他的追求目标，哲学是他的思想基础，那么文学便是他的生命表征，是他超越桎梏而进行自由的、美的追求的工具。意识到这一点，使我对柳宗元其人其事其思想其创作产生了更浓厚的兴趣，并将注意力重点放在他被贬后的生存状态、心路历程、意识倾向、悲情书写等方面，相继写下了数十篇文章，希望能为这位失败的政治家、具有超前意识的思想家和创作中独树一帜的文学家，在前人基础上做些更深入的考察和探索。

与柳宗元发生更紧密关联是在此后若干年中。

1993 年，中国柳宗元研究会正式成立，并相继在柳州、永州、永济等地召开了数次大型研讨会，相关研究也风生水起，进入了一个更具组织化、规模化的阶段。作为学术团体的边缘人，长期以来，我习惯于单兵作战，以为真正出思想、出断制的学术研究，应该更具个体化、独立性的特点，所以从未参加过此类活动。然而，或许是一些偶然的因素，在不知情的情况下，我竟被"委任"为柳学会的副会长，屡次得到吴文治、孙昌武两任会长的垂顾，力邀我参加相关会议，并于 2010 年经理事会选举，命我出任柳学会会长。对此，我是没有心理准备的，故一再坚辞；但迫于形势，又很有些无奈，只得走马上任。受人之托，忠人之事，而所做之事又与自己深喜的研究对象相关，故在此后的十余年中，我与学会诸同仁一道，为扩大柳学影响，深化柳学研究，做了一些力所能及的工作，先后在湖南永州、山西晋城、运城、陕西西安、广西桂林等地举办了数届国际柳宗元学术研讨会，并受邀在永州电视台、喜马拉雅音频平台、海峡两岸一些高校，作了多集（次）关于柳宗元的演讲，在上海古籍出版社、凤凰出版社出版了几本柳宗元诗文选评的小书。如此一来，我与柳宗元的缘分自然加深了不少，连带着，也对他生活最久的几个主要地域如永州、柳州、长安产生了某种特殊的感情。这种缘分和感情，在我陆续写下的一些纪事述怀的小诗中有所呈露。

记得2010年10月，前往永州参加第五届柳宗元年会暨国际学术研讨会，有感于柳宗元的人生遭际，作有《永州柳学会感赋》一诗："雁峰壁立水分流，挥泪思君下永州。拚以一身除国蠹，肯因万死悔愆尤。孤臣自古多遗恨，词客而今欲白头。手把危栏极目望，潇湘澄澈碧山秋。"2014年4月，为筹办下一届柳学研讨会，我前往柳州与柳州市委宣传部及当地柳学会商讨相关事宜，在所居双悦楼前，眼观葱笼春景，忆及柳宗元在柳州的政绩，遂口占七言四句以志感："落花时节过清明，双悦楼前草木青。敢请当年柳刺史，并肩策马赏龙城。"2017年9月，柳宗元研究会第八届年会暨国际学术讨论会在西安召开，又作《西安柳学会吊子厚五绝》以志感：

少年胆气欲干云，许国焉能谋一身。
宦海风波无限恶，天涯从此久沉沦。

一自南荒作逐臣，无边瘴气蔽荆榛。
男儿志念浑如旧，北望几回泪满巾。

写水写山复写心，骚人哀怨古来深。
闲持贝叶共僧话，块垒难消长短吟。

残魂零落渐无亲，边域甘为一草民。
何奈皇穹靳雨露，徒令后世哭诗人。

长安陌上净嚣尘，四海驰文论道真。

可叹荒坟无处觅，秋风万里吊孤臣。

这些小诗，在艺术上本无可称道，但表述的却是我心香古人遥相追忆的一片真情。某种意义上，这种追忆似也可视为自己长期研柳积淀的被理性遮蔽的感性外溢，它从不同角度重塑了我心目中的柳宗元形象。

一直想为柳宗元再写些文字，但苦于冗务烦杂，腾不出手来。适逢友人董伯韬先生来信，说湖南文艺出版社拟出版一套"大家讲人文"书系，希望我提供一部关于柳宗元的文稿。其时正逢疫情肆虐，稍得闲暇，遂应伯韬之约，在旧时文字中择其要者，稍加改订，都为一集；又蒙出版社耿会芬女史费心审核，删繁就简，最后确定了目前呈现给读者的十篇小文。这些文字，有的作于上世纪八十年代，有的则为近几年所写就，其中思虑难周，误漏或多，诚望读者高明有以指正，并借此机会，向伯韬、会芬诸君及曾审订拙文的《江海学刊》《文学遗产》《文史哲》《江汉论坛》《文艺研究》《古典文学知识》《唐代文学研究》等刊物编辑，致以诚挚的谢意。

癸卯初夏匆草于古都长安临时寓所

参考文献

古籍：

B

［汉］班固：《汉书》，中华书局，1962年。

［唐］白居易著，顾学颉校点：《白居易集》，中华书局，1979年。

［唐］白居易著，谢思炜校注：《白居易诗集校注》，中华书局，2006年。

［唐］白居易著，谢思炜校注：《白居易文集校注》，中华书局，2011年。

C

［宋］陈思：《书苑菁华》，文渊阁《四库全书》本。

［清］陈鸿墀著：《全唐文纪事》，上海古籍出版社，1987年。

［近代］陈衍：《石遗室诗话》，商务印书馆，1935年。

D

［唐］杜甫著，仇兆鳌注：《杜诗详注》，中华书局，1979年。

［唐］杜佑著，王文锦等点校：《通典》，中a华书局，2016年。

［唐］杜牧著，吴在庆校注：《杜牧集系年校注》，中华书局2008年。

［唐］段成式著，许逸民校笺：《酉阳杂俎校笺》，中华书局，
　　2015年。

［清］董诰等编：《全唐文》，中华书局，1983年。

［近代］丁福保辑：《清诗话》，上海古籍出版社，2015年。

［近代］丁福保辑：《历代诗话续编》，中华书局，1983年。

F

［唐］范摅著，唐雯校笺：《云溪友议校笺》，中华书局2017年。

［唐］房玄龄等著：《晋书》，中华书局，1974年。

［元］方回编：《瀛奎律髓》，上海古籍出版社，1993年。

［清］方东树著，汪绍楹校点：《昭昧詹言》，人民文学出版社，
　　1984年。

［清］冯武：《书法正传》，文渊阁《四库全书》本。

G

［唐］高适著，刘开扬笺注：《高适诗集编年笺注》，中华书局，
　　1981年。

［明］高棅著，葛景春、胡永杰点校：《唐诗品汇》，中华书局，

2015年。

[清]郭庆藩著,王孝鱼点校:《庄子集释》,中华书局,2012年。

郭绍虞辑:《宋诗话辑佚》,中华书局,1980年。

郭绍虞编选,富寿荪校点:《清诗话续编》,上海古籍出版社,2016年。

【日】高楠顺次郎、渡边海旭、小野玄妙:《大正新修大藏经》,佛陀教育基金会印行,1990年。

H

[战国]韩非著,王先慎集解,钟哲点校:《韩非子集解》,中华书局,1998年。

[唐]韩愈著,马其昶校注:《韩昌黎文集校注》,上海古籍出版社,1986年。

[唐]韩愈著,钱仲联集释:《韩昌黎诗系年集释》,上海古籍出版社,1985年。

[唐]韩愈著,钱仲联、马茂元校点:《韩愈全集》,上海古籍出版社,1997年。

[宋]胡仔:《苕溪渔隐丛话》,人民文学出版社,1962年。

[清]何焯著,崔高维点校:《义门读书记》,中华书局,1987年。

[清]何文焕辑:《历代诗话》,中华书局,2004年。

[宋]洪迈著,孔凡礼点校:《容斋随笔》,中华书局,2005年。

[宋]洪兴祖著,白化文等点校:《楚辞补注》,中华书局,1983年。

［宋］胡仔纂集，廖德明校点：《苕溪渔隐丛话》，人民文学出版社，
　　1962年。

［明］胡震亨：《唐音癸签》，上海古籍出版社，1981年。

［明］胡应麟：《诗薮》，上海古籍出版社，1979年。

J

［汉］贾谊著，何孟春订注，彭昊、赵勖点校：《贾谊集》，岳麓书
　　社，2010年。

［清］纪昀等编：《景印文渊阁四库全书》，台湾商务印书馆，
　　1984年。

L

［北魏］郦道元著，陈桥驿校证：《水经注校证》，中华书局，
　　2007年。

［唐］李白著，安旗等笺注：《李白全集编年笺注》，中华书局，
　　2015年。

［唐］李林甫等著，陈仲夫点校：《唐六典》，中华书局，1992年。

［唐］李吉甫著，贺次君点校：《元和郡县图志》，中华书局，
　　1983年。

［唐］李肇著，聂清风校注：《唐国史补校注》，中华书局，2021年。

［宋］李涂：《文章精义》，人民文学出版社，1960年。

［清末］林纾：《韩柳文研究法》，商务印书馆，1914年。

［清末］林纾：《春觉斋论文》，人民文学出版社，1961年。

［唐］刘禹锡著，瞿蜕园笺证：《刘禹锡集笺证》，上海古籍出版社，1989年。

［唐］刘禹锡著，陶敏、陶红雨校注：《刘禹锡全集编年校注》，岳麓书社2003年。

［后晋］刘昫等：《旧唐书》，中华书局，1975年。

［宋］刘斧撰辑，施林良校点：《青琐高议》，上海古籍出版社，1983年。

［清］刘熙载著：《艺概》，上海古籍出版社，1978年。

［唐］柳宗元：《柳河东全集》，中国书店，1991年。

［唐］柳宗元著，［日］近藤元粹评订：《柳柳州诗集》，光绪三十一年（1905年）青木嵩山堂版。

［唐］柳宗元著，王国安笺释：《柳宗元诗笺释》，上海古籍出版社，1993年。

［唐］柳宗元著，尹占华、韩文奇校注：《柳宗元集校注》，中华书局，2013年。

［明］陆时雍著，李子广评注：《诗镜总论》，中华书局，2014年。

逯钦立辑校：《先秦汉魏晋南北朝诗》，中华书局，1983年。

O

［宋］欧阳修、宋祁等著：《新唐书》，中华书局，1975年。

［宋］欧阳修著，李逸安点校：《欧阳修全集》，中华书局，2001年。

P

［清］潘德舆著，朱德慈辑校：《养一斋诗话》，中华书局，2010年。

［清］彭定求等编：《全唐诗》，中华书局，1960年。

Q

［清］乾隆帝御定，乔继堂点校：《唐宋文醇》，上海科学技术文献出版社，2020年。

R

［宋］阮阅编，周本淳校点：《诗话总龟》，人民文学出版社，1987年。

［清］阮元校刻：《十三经注疏》，中华书局，2009年。

S

［汉］司马迁：《史记》，中华书局，1959年。

［唐］司空图著，郭绍虞集解：《诗品集解》，人民文学出版社，1981年。

［宋］司马光著：《资治通鉴》，中华书局，1956年。

［宋］苏轼著，王文诰辑注，孔凡礼点校：《苏轼诗集》，中华书局，1982年。

［宋］苏轼著，茅维编，孔凡礼点校：《苏轼文集》，中华书局，1986年。

[宋]孙奕著，侯体健、况正兵点校：《履斋示儿编》，中华书局，2014年。

[清末]沈曾植：《海日楼札丛》，上海古籍出版社，2009年。

T

[元]陶宗仪：《书史会要》，文渊阁《四库全书》本。

[明]唐汝询选释，王振汉点校：《唐诗解》，河北大学出版社，2001年。

W

[五代]王定保著，陶绍清校证：《唐摭言校证》，中华书局，2021年。

[宋]王溥著：《唐会要》，中华书局，1960年。

[宋]王钦若等编纂，周勋初等校订：《册府元龟》，凤凰出版社，2006年。

[明]王世贞著，罗仲鼎校注：《艺苑卮言校注》，齐鲁书社，1992年。

[清]王夫之著，舒士彦点校：《读通鉴论》，中华书局，2013年。

[清]王鸣盛著，黄曙辉点校：《十七史商榷》，上海古籍出版社，2016年。

X

[战国]荀卿著，王先谦集解：《荀子集解》（诸子集成本），上海

书店，1986年。

［汉］许慎著，段玉裁注：《说文解字注》，中华书局，2013年。

［南朝梁］萧统编，李善注：《文选》，中华书局，1977年。

［元］辛文房著，傅璇琮主编：《唐才子传校笺》，中华书局，
　　1995年。

［清］徐增著，樊维纲校注：《说唐诗》，中州古籍出版社，1990年。

［清］徐松著，［清］张穆校补，方严点校：《唐两京城坊考》，中
　　华书局，1985年。

Y

［唐］元稹著，冀勤点校：《元稹集》，中华书局，2010年。

［唐］元稹著，周相录校注：《元稹集校注》，上海古籍出版社，
　　2011年。

［金］元好问编：《中州集》，中华书局，1959年。

［金］元好问撰，郭绍虞笺释：《元好问论诗三十首小笺》，人民文
　　学出版社，1978年。

［宋］严羽著，郭绍虞校释：《沧浪诗话校释》，人民文学出版社，
　　1983年。

［宋］叶梦得著，逯铭昕校注：《石林诗话校注》，人民文学出版社，
　　2011年。

［元］杨士弘编选，［明］张震辑注，陶文鹏、魏祖钦点校：《唐
　　音评注》，贵州人民出版社，2010年。

［清］严可均校辑：《全上古三代秦汉三国六朝文》，中华书局，
1958年。

［清］永瑢等编：《四库全书总目》，中华书局，1965年。

Z

［唐］张彦远：《法书要录》，文渊阁《四库全书》本。

［唐］赵璘：《因话录》，文渊阁《四库全书》本。

［宋］赵明诚：《金石录》，《四部丛刊续编》手抄本影印。

［清］赵翼著，霍松林、胡主佑校点：《瓯北诗话》，人民文学出版
社，1963年。

［清］赵翼著，王树民校证：《廿二史劄记校证》，中华书局，
2013年。

［清］赵翼著，曹光甫校点：《陔余丛考》，上海古籍出版社，
2011年。

［宋］周辉著，刘永翔校注：《清波杂志校注》，中华书局，1994年。

［宋］朱熹：《四书章句集注》，中华书局，1983年。

［宋］朱熹集注，夏剑钦、吴广平校点：《楚辞集注》，岳麓书社，
2013年。

［宋］朱熹著，赵长征点校：《诗集传》，中华书局，2017年。

曾枣庄、刘琳编：《全宋文》，上海辞书出版社；安徽教育出版社，
2006年。

现当代著述：

专著：

A

【奥】阿尔弗雷德·阿德勒著，黄光国译：《自卑与超越》，作家
出版社，1988年。

B

卞孝萱：《刘禹锡年谱》，中华书局，1963年。

卞孝萱：《元稹年谱》，齐鲁书社，1980年。

C

岑仲勉：《隋唐史》，商务印书馆，1982年。

陈寅恪：《元白诗笺证稿》，生活·读书·新知三联书店，2001年。

陈寅恪：《唐代政治史述论稿》，商务印书馆，2011年。

陈寅恪：《金明馆丛稿二编》，上海古籍出版社，2020年。

陈幼石：《韩柳欧苏古文论》，上海文艺出版社，1983年。

陈子展：《诗经直解》，复旦大学出版社，1986年。

【美】C.S.霍尔著，陈维正译：《弗洛伊德心理学入门》，商务印书
馆，1985年。

【美】C.S.霍尔、诺德贝著：《荣格心理学入门》，生活·读书·新
知三联书店，1987年。

D

【法】丹纳著，傅雷译：《艺术哲学》，人民文学出版社，1963年。

E

【美】E·佛洛姆著：《逃避自由》，北方文艺出版社，1987年。

【美】E·弗洛姆著，苏娜、安定译：《追寻自我》，延边大学出版社，1987年。

F

范文澜等著：《中国通史》，人民出版社，1978年。

方立天：《佛教哲学》，中国人民大学出版社，1987年。

傅璇琮等：《唐五代文学编年史》，辽海出版社，1998年。

【奥】弗洛伊德著，高觉敷译：《精神分析引论》，商务印书馆，2009年。

【美】弗兰克·戈布尔：《第三思潮：马斯洛心理学》，上海译文出版社，1987年。

G

高尔泰：《美是自由的象征》，人民文学出版社，1986年。

H

侯外庐等：《中国思想通史》，人民出版社，1957年。

华东师范大学古籍整理研究室编选:《历代书法论文选》,上海书画出版社,2014年。

L

李泽厚:《中国古代思想史论》,人民出版社,1986年。

李泽厚、刘纲纪著:《中国美学史》,安徽文艺出版社,1999年。

李泽厚:《美的历程》,生活·读书·新知三联书店,2009年。

【美】罗洛·梅:《爱与意志》,国际文化出版公司,1987年。

Q

钱锺书:《谈艺录》,商务印书馆,2011年。

【美】乔治·桑塔耶纳:《美感》,中国社会科学出版社,1985年。

S

【日】三木清著,张勤、张静萱译:《人生探幽》,上海文化出版社,1987年。

尚永亮:《生命在西风中骚动——中国古代文人与自然之秋的双向考察》,陕西人民教育出版社,1989年。

尚永亮:《柳宗元诗文选评》,上海古籍出版社,2003年。

尚永亮、刘磊、洪迎华:《中唐元和诗歌传播接受史的文化学考察》,武汉大学出版社,2010年。

孙昌武:《唐代文学与佛教》,陕西人民出版社,1985年。

W

吴文治编：《古典文学研究资料汇编·柳宗元卷》，中华书局，1964年。

吴汝煜：《刘禹锡传论》，陕西人民出版社，1988年。

X

【日】下定雅弘：《柳宗元——生活于逆境的美丽灵魂》，勉诚出版社，2009年。

徐复观著，李维武编：《徐复观文集》，湖北人民出版社2002年。

徐复观：《中国艺术精神》，广西师范大学出版社，2007年。

Y

严耕望：《唐代交通图考》，北京联合出版公司，2021年。

袁行霈主编：《中国文学史（第二卷）》，高等教育出版社，2010年。

Z

章士钊：《柳文指要》，文汇出版社，2007年。

张清华：《韩学研究》，江苏教育出版社，1998年。

朱光潜：《悲剧心理学》，中华书局，2012年。

朱关田：《中国书法史·隋唐五代卷》，江苏教育出版社1999年。

《中国地方志集成·陕西府县志辑》，凤凰出版社，2007年。

《中国地方志集成·广西府县志辑》，凤凰出版社，2010年。

《中国地方志集成·广东府县志辑》，上海书店出版社，2013年。

期刊：

陈维正：《从行为研究到文化设计——斯金纳〈超越自由与尊严〉译后》，《读书》1987年第10期。

【日】清水茂，华山译：《柳宗元的生活体验及其山水记》，《文史哲》1957年第4期。

戴伟华《独白：中国诗歌的一种表现形态》，《中国社会科学》2003年第3期。

尚永亮：《论〈哀郢〉的创作和屈原的放逐年代》，《陕西师大学报》1980年第4期。

尚永亮：《柳宗元刘禹锡两被贬迁三度经行路途考》，《唐代文学研究》第7辑，广西师大出版社，1998年。

尚永亮：《借古人事以自抒怀抱》，《零陵师范高等专科学校学报》2001年第1期。

陶敏：《柳宗元〈龙城录〉真伪新考》，《文学遗产》2005年第4期。

张日燊：《韩愈对二王八司马态度初探》，《扬州师院学报》1988年第4期。

张广达：《论唐代的吏》，《北京大学学报》1989年第2期。